Corona
Die inszenierte Krise

Corona
Die inszenierte Krise
Holger Kulot

Inhaltsverzeichnis

Über dieses Buch

In der Geschichte der Menschheit gab es schon viele Pandemien und Seuchen, die erhebliche Auswirkungen hatten und vielen Millionen Menschen den Tod brachten. Sie kamen schleichend, unerkannt und trafen die Menschen in Zeiten, in denen es die heutigen Möglichkeiten nicht gab.

Die Welt war nicht vernetzt und es gab auch nicht die Chance, die Menschen, frühzeitig über die nahende Gefahr zu informieren und zu schützen, wie es heute möglich ist. Vor allem aber, waren immer alle Menschen betroffen.

Das wirft die Frage auf, wie ein vergleichsweise harmloses Virus, das frühzeitig identifiziert wurde, dessen Existenz rechtzeitig kommuniziert wurde, der nur einem kleinen und klar definierten Personenkreis bedrohlich werden kann, eine derartige Krise auslösen konnte, wie wir sie aktuell erleben.

Es ist ein zeitgemäßes Virus, das die Möglichkeiten einer zunehmend digitalen und vernetzten Welt nutzt und gleichzeitig die Schwächen der heutigen Zeit aufzeigt.

Eine Zeit, in der political correctness über alles geht. In der sich niemand traut, unbequeme Themen öffentlich auszusprechen, aus Angst von den Medien in ein falsches Licht gesetzt zu werden, aus dem es kein Entrinnen gibt.

Nicht zu widersprechen und sich dem Mainstream anzupassen, ist wesentlich bequemer und karrierefördernder. So werden rationale Aspekte unterdrückt, weil es Mut erfordern würde, seine Argumente zu verteidigen, besonders auf die Gefahr hin, dass diese sich im Nachhinein als falsch erweisen könnten.

In diesem Buch werden Fakten und Argumente zusammengetragen, die die Krise in einem anderen Licht erscheinen lassen. Es stellt sich die Frage, warum die Entscheidungen, mit den katastrophalen Folgen, so getroffen wurden, wie sie getroffen wurden.

Vor allem aber, wird die Frage beantwortet, wie das Virus einen solchen Stellenwert im gesellschaftlichen Leben erlangen konnte und wer für die allgemeine Panikmache verantwortlich ist. Es wurde inmitten der Krise geschrieben, mit all den damit verbundenen Risiken. Es ist mutig, denn es entspricht nicht dem Mainstream, setzt sich bewusst dem Risiko aus, dass im Nachhinein manches anders bewertet wird und es formuliert gezielte Kritik an den Handelnden und den Medien.

Es ermöglicht einen anderen Blick auf die Dinge, beobachtet Themen am Rande der Krise und wagt den Blick in die Zukunft, in Form direkter und mittelbarer Auswirkungen auf verschiedene Bereiche des Lebens.

Wissenswertes über das Virus

Der Name Corona, lateinisch bedeutend Kranz oder Krone, wurde 1968 eingeführt und hängt mit dem Aussehen dieser Viren zusammen. Unter dem Elektronenmikroskop ähneln sie, mit ihren kugelförmigen Hüllen, an eine Krone oder einen Strahlenkranz, ähnlich der Sonnenkorona.

Erstmals Mitte der 1960er-Jahre wurden Viren dieser Gruppe beschrieben und charakterisiert.

Sie gehören zur Virusfamilie der Coronaviridae, werden im allgemeinen Sprachgebrauch aber meist als Coronaviren bezeichnet.

Sie treten bei verschiedenen Wirbeltieren wie Säugetieren, Vögeln und Fischen auf und verursachen unterschiedliche Erkrankungen.

Weil Sie genetisch hochvariabel sind, können einzelne Virusspezies die Artenbarriere überwinden.

Auf diesem Wege wurde im Dezember 2019 auch das Virus SARS-CoV-2, vermutlich auf einem Tiermarkt, in der chinesischen Stadt Wuhan, auf den Menschen übertragen.

Das Virus stellt eine neue und bisher unbekannte Art dieses Stammes dar.

Beim Menschen sind diverse Virusspezies als Erreger von leichten respiratorischen Infektionen (allgemein als Erkältungskrankheiten bekannt), bis hin zum schweren akuten Atemwegssyndrom bekannt.

Mit Stand April 2020 sind insgesamt sieben Coronaviren bekannt. Vier von ihnen rufen nur vergleichsweise geringfügige Symptome hervor.

Anfangs der Krise wurde das Virus verallgemeinert als Coronavirus bezeichnet. Erst mit fortschreitender Debatte setzte sich die korrekte Bezeichnung SARS-CoV-2 durch.

Die dadurch hervorgerufene Krankheit, wird offiziell als COVID-19 bezeichnet.

Es ist von Mensch zu Mensch übertragbar. Als Hauptübertragungsweg gilt die sogenannte Tröpfcheninfektion. Worunter die Übertragung eines erregerhaltigen Sekrets aus den Atemwegen, auf die Schleimhäute anderer Menschen zu verstehen ist.

Aber auch eine indirekte Übertragung über die Hände, die dann mit Mund, Nase oder den Augen in Kontakt kommen, ist noch nicht gänzlich ausgeschlossen. Insofern könnten Flächen und Türgriffe auch als Infektionsquellen infrage kommen.

Die Inkubationszeit beträgt bis zu 14 Tage.

Nach Angaben der Weltgesundheitsbehörde WHO treten durchschnittlich fünf bis sechs Tage nach der Infizierung die ersten Symptome auf.

Eine Impfung gibt es Stand April 2020 nicht.

Laut den Daten, die aus den genauesten untersuchten Ländern vorliegen, liegt die Letalität von Covid-19 insgesamt im Promillebereich und damit im Bereich einer starken Influenza.

50% bis 80% der testpositiven Personen bleiben symptomlos, über 90% der testpositiven Personen zeigen höchstens milde oder moderate Symptome. Von einer grundsätzlich „fehlenden Immunität" in der Bevölkerung kann also nicht gesprochen werden.

Das Durchschnittsalter der Verstorbenen liegt in den meisten Ländern bei über 80 Jahren und nur circa 1% der Verstorbenen hatten keine ernsthaften Vorerkrankungen.

Das Sterbeprofil entspricht damit im Wesentlichen der normalen Sterblichkeit.

In den meisten europäischen Ländern liegt die Gesamtsterblichkeit weiterhin im Bereich einer durchschnittlichen Grippesaison.

Wer ist gefährdet?

Zwar besteht die geringe Möglichkeit, dass schwere Verläufe auch bei Menschen ohne Vorerkrankungen auftreten können, aber es besteht unter allen Wissenschaftlern Einigkeit, dass ein erhöhtes Risiko nur für folgende Personengruppen existiert:

- Ältere Menschen. Wobei mit steigendem Alter das Risiko für einen schweren Krankheitsverlauf stetig steigt
- Raucher
- Menschen mit bestimmten Vorerkrankungen, wie die der Atemwege
- Menschen mit einer Erkrankung des Herzens
- Menschen mit einer Erkrankung der Lunge, wie chronische Bronchitis
- Menschen mit chronischen Lebererkrankungen
- Menschen mit Diabetes mellitus
- Menschen mit einer Krebserkrankung
- Menschen mit geschwächtem Immunsystem

Es muss besondere Erwähnung finden, dass das Alter bei COVID-19 einer der Hauptrisikofaktoren ist. Was auch ein Team der Universität Oxford in einer Studie dazu veröffentlicht hat. Die Fachleute vergleichen darin Italien mit Südkorea und kommen zu dem Schluss, dass die Demographie einen großen Einfluss auf die Mortalität hat. Je älter das Durchschnittsalter der Gesellschaft, desto höher die Todesrate.

So wurden während des derzeitigen Ausbruchs von Sars-CoV-2 die meisten Fälle bei Kindern nur entdeckt, weil in ihrer Familie Erwachsene erkrankt waren und die Kinder deshalb getestet wurden.

Falls Kinder überhaupt Symptome entwickeln, sind diese schwer von einer banalen Erkältung zu unterscheiden. So ist lediglich mit Husten oder leichtem Fieber zu rechnen. Schwere Verläufe, wie sie insbesondere bei älteren Erwachsenen auftreten können, bei denen gar eine Beatmung nötig ist, sind bei Kindern entweder extrem selten oder treten überhaupt nicht auf.

Die Thesen werden in eindrucksvoller Weise an der Statistik, am Beispiel Deutschlands, mit Stand vom 12. April 2020, verdeutlicht.

	Anzahl	Entspricht
Tote insgesamt	2.668	100%
unter 60-jährige	128	4,80%
60 - 69-jährige	238	8,92%
70 - 79-jährige	641	24,03%
80 - 89-jährige	1.219	45,69%
90-jährige und älter	442	16,57%

Quelle: rki.de

Zwei Dinge fallen ins Auge:
- 86,3% der Verstorbenen waren 70 Jahre alt und älter
- Die Letalitätsrate, bezogen auf ca. 120.000 Infizierten, liegt bei ca. 2 Prozent

Laut offiziellen Angaben des Robert-Koch-Instituts liegt das durchschnittliche Alter der Verstorbenen bei 82 Jahren.

Stand der Medizin

Es ist bei großen Teilen der Bevölkerung ein weit verbreiteter Irrglaube, dass „die Medizin und die Wissenschaft heutzutage schon so weit ist".

Damit verbinden viele Menschen die Hoffnung, dass es für alle Fragen und Probleme eine Lösung bzw. Hilfe geben müsse. Dem muss eindeutig widersprochen werden. Die Medizin und die Wissenschaft sind immer auf Höhe der Zeit und niemals voraus.

Natürlich ist die Medizin heutzutage fast immer in der Lage, ehemals todbringende Krankheiten zu heilen oder zumindest den Krankheitsverlauf abzumildern, wie es beispielsweise bei einer HIV-Infektion möglich ist, die vor wenigen Jahren noch tödlich verlaufen wäre. Die Wissenschaft unterliegt einem stetigen Fortschritt und es ist einzig und allein eine Frage der Zeit, bis es Lösungen auf die aktuellen Fragen gibt.

So wird es mit an Sicherheit grenzender Wahrscheinlichkeit, irgendwann Hilfe im Kampf gegen bereits erkannte Krankheiten wie Alzheimer geben. Nur wann es so weit sein wird, kann niemand sagen. Wenn in vielleicht hundert Jahren ein Medikament im Kampf gegen Alzheimer gefunden ist, wird es für die Menschheit selbstverständlich sein, dass diese Krankheit keine Bedrohung mehr darstellt. Entscheidend ist aber, dass es dann andere Krankheiten geben wird, die dann unheilbar sein werden.

Es ist wichtig zu wissen, dass immer nur Lösungen für existente Probleme gefunden werden können. Es liegt in der Natur der Sache, dass nicht existente Probleme nicht erforscht werden können.

Das bedeutet in der Praxis, dass die Forschung mit der Identifikation eines medizinischen Problems erst beginnen kann, wenn ein Problem als solches identifiziert wurde.

Forschung ist immer zeitintensiv und es gibt nicht immer eine Garantie, dass überhaupt ein brauchbares Ergebnis erzielt werden wird.

Letztlich kann es niemals eine präzise Zeitangabe geben, wann mit einer Lösung, oder wie in der aktuellen Situation, mit einem Impfstoff zu rechnen ist.

Bezogen auf die Entwicklung eines gebrauchsfähigen Impfstoffes, gibt es sechs Stufen.

1. Virus wird als solcher erkannt
2. Virus wird erforscht und es werden Ansatzpunkte gewonnen
3. Entwicklung eines Impfstoffes
4. Impfstoff wird getestet
5. Impfstoff wird zugelassen
6. Impfstoff steht zur Verfügung

Es kann konstatiert werden, dass die Forschung sich momentan in Stufe 3 befindet.

Zusätzlich kann nicht davon ausgegangen werden, dass ein möglicher Impfstoff letztlich auch zugelassen wird. Aus verschiedensten Gründen, beispielsweise wegen unerwünschter Nebenwirkungen, kommt es immer wieder vor, dass eine Zulassung verweigert wird und so weiter geforscht werden muss, was eine erneute Testserie und weitere wissenschaftliche Expertisen nach sich zieht und zeitlich nicht kalkulierbar ist.

Auch wenn in diesen Zeiten, der formale Weg, sicherlich weniger Zeit in Anspruch nehmen dürfte, sollte trotzdem klar sein, dass ein Impfstoff nicht in einem so kurzen Zeitraum zur Verfügung stehen wird, als das er in der aktuellen Situation schon helfen könnte.

Realistisch betrachtet, wird er jetzt und unter hohem Einsatz, für die Zukunft entwickelt.

Im Nachhinein ist man immer schlauer!

Lassen Sie mich mit etwas Grundsätzlichem beginnen: Wir leben in einer außergewöhnlichen Zeit. In einer Zeit, wie Sie die Menschheit, wie wir sie kennen, bisher nicht erlebt hat. Sie ist für uns alle neu und niemand in Deutschland hat mit einer solchen Problematik gerechnet. Dementsprechend sollten politische Entscheidungen immer unter dem Aspekt bewertet werden, dass alle nach bestem Wissen und Gewissen und stets im Sinne aller handeln.

Jegliches politische Handeln und alle Entscheidungsfindungen, folgen in diesen Tagen selten den klassischen Regeln und es muss bedacht werden, dass es für all das keinen Ablaufplan und erst recht keinen Masterplan gibt, derer man sich bedienen kann. Es bedarf ständiger Abstimmungen mit Wissenschaftlern und stetig neuer Entscheidungen, um der sich beinahe täglich ändernden Faktenlage gerecht zu werden.

Teils bedürfen erst kurzfristig getroffene Entscheidungen erneuter Anpassungen oder Korrekturen. Teils muss der kürzlich erst eingeschlagene Weg verlassen und neue Pfade beschritten werden. Möglicherweise bedarf es im Falle eines Falles gar einer Abkehr von dem bisher eingeschlagenen Weg.

Es gilt mehr denn je, dass Entscheidungen immer dann getroffen werden müssen, wenn es die Zeit gebietet. Die Grundlage dafür sind immer die zu diesem Zeitpunkt vorliegenden und niemals die später gewonnenen Erkenntnisse.

Es sollte in diesen Tagen niemand erwarten, dass immer die richtigen Entscheidungen getroffen werden.

Die Bevölkerung muss lernen zu verstehen, dass mittel- oder langfristige Prognosen nicht möglich sind. Das fällt vielen schwer, denn der geneigte Bürger erwartet auf alle Fragen des Weltgeschehens Erklärungen und Lösungen.

Deswegen gilt zurzeit in besonderem Maße: „Nachher ist man immer schlauer".

Völlig losgelöst davon spielt die ganzheitliche Betrachtung des Problems eine entscheidende Rolle. Es ist elementar wichtig, dass alle Aspekte bedacht werden und nichts und niemand vergessen wird. Niemand darf in dieser Situation mehr Schaden nehmen, als unter Abwägung aller Aspekte zumutbar ist.

Die in diesem Buch teilweise formulierte Kritik ist aus den genannten Gründen niemals auf einzelne Personen bezogen.

Entscheidend ist jedoch, dass im Fall des Virus keine wissenschaftlich fundierten Fakten vorliegen.

Überleitung

Robert Koch würde es nicht wollen, dass führende Mitarbeiter, aus einem nach ihm benannten Institut, Ratschläge erteilen, die wissenschaftlich nicht belegt sind und von der Politik als Grundlage für weitreichende Maßnahmen genutzt werden. Es wirkt wenig wissenschaftlich, was in die Öffentlichkeit gelangt und glaubt man den Worten verschiedenster Virologen, gibt es in der Tat keine wissenschaftlichen Erkenntnisse, die die getroffenen Einschnitte ins Leben rechtfertigen würden.

Während die Bundesregierung sich bei ihrem Kurs zur Eindämmung des Virus auf die Einschätzung der Charité-Virologen und auf das Robert-Koch-Institut stützt, hat Nordrhein-Westfalens Ministerpräsident Armin Laschet, den Auftrag für eine Studie erteilt und auch gleich einen Expertenrat einberufen.

Sie soll aussagekräftige Daten liefern, wie sich der Erreger tatsächlich überträgt und vor allem: wie er es nicht tut.

Durchgeführt wird sie vom anerkannten Wissenschaftler Prof. Streeck, der wohl so viele Corona-Patienten gesehen hat, wie kein anderer Virologe.

Nach eigenen Aussagen, ging er, kurz nachdem das Virus im Kreis Heinsberg ausgebrochen war, von Tür zu Tür, klingelte bei allen Patienten, nahm Blutproben und Mundabstriche, auch untersuchte er tote Gegenstände, um festzustellen, ob sich dort infektiöse Viren befinden könnten.

Eben das, was ein Wissenschaftler tun sollte, wenn er wissenschaftliche Erkenntnisse gewinnen will, in deren Folge entsprechende Maßnahmen eingeleitet werden müssen.

Nur begründet auf einer wissenschaftlich fundierten Studie kann beantwortet werden, ob es tatsächlich sinnvoll ist, so weitreichende Einschnitte ins Leben vorzunehmen, wie sie im ganzen Land getroffen wurden.

Auch ließ Prof. Streeck in einem TV-Interview durchblicken, dass er etwas verwundert sei, von dem wenig wissenschaftlichen Vorgehen seiner im TV omnipräsenten Kollegen.

Aus seiner Sicht, wie es auch von vielen anderen Virologen zu hören ist, spreche einiges dagegen, dass man sich unter normalen Bedingungen beim Personal im Restaurant oder in öffentlichen Verkehrsmitteln infizieren könne.

Es brauche für die Übertragung womöglich einen intensiveren Kontakt zu einem Infizierten. Er schert damit aus dem Kreis der öffentlichen Mahner aus, die immer wieder appellieren, lieber zu Hause zu bleiben, und die schon im unnötigen Gang vor die Tür eine Fahrlässigkeit wittern.

Allein die Tatsache, dass die NRW-Landesregierung eine solche Studie in Auftrag gegeben hat, kann ein wenig Mut machen. Denn, von allen Politikern und den Medien ist immer nur zu hören, dass ein Weg zurück in die Normalität gefunden werden müsse. Auf welcher Grundlage eine solche Entscheidung einmal getroffen werden soll, bleibt unklar.

Unklar ist auch, warum tagtäglich Zahlen präsentiert werden, deren Gehalt offensichtlich nur sehr begrenzt ist. Zahlen, die Panik schüren, aber viele wichtige Parameter auslassen und besonders im internationalen Vergleich überhaupt nicht aussagekräftig sind.

Es fallen Menschen in die Todesstatistik, die offensichtlich eines anderen Todes gestorben sind. Aber es genügt zur Aufnahme in die Statistiken, dass man das Virus in sich hatte.

Von diesen Zahlen täglich penetriert, fügen sich die Menschen dem Schicksal, weil man gegen eine Infektion und die damit einhergehenden gesundheitlichen Folgen scheinbar machtlos ist.

Wie aber konnte es zu der momentanen Situation kommen, dass die Wirtschaft in weiten Teilen stillsteht und öffentliches Leben nicht mehr stattfindet?

Warum war die Regierung in Anbahnung der Krise so lange tatenlos und warum hat das beratende Robert-Koch-Institut nicht rechtzeitig gewarnt?

Ist die Gefahr unterschätzt worden? Welchen Anteil haben die Medien daran?

Ist die Krise gar eine willkommene Bereinigung, ein Neustart für die Finanzwelt, die Immobilienmärkte und die Weltwirtschaft, die sich in jeder Hinsicht völlig von den realen Gegebenheiten abgekoppelt haben?

Es stellen sich Fragen, auf die es vielleicht nie finale Antworten geben wird.

Um die Kritikpunkte zu verstehen und diese Fragen zu beantworten, muss der Verlauf der Krise zunächst chronologisch betrachtet werden.

Chronologie der Krise

Es sind die verheerenden Waldbrände in Australien und die sich im Iran zuspitzende Lage, mit der Gefahr einer Instabilisierung des Nahen Ostens, die die Nachrichten zu Beginn des Jahres 2020 beherrschen.

Wobei bereits am 31. Dezember 2019 die chinesischen Behörden offiziell die Weltgesundheitsorganisation informierten, dass seit Anfang Dezember 2019 mehrere Fälle von schwerer Lungenentzündung in der Stadt Wuhan aufgetreten waren, deren Erreger bisher nicht identifiziert werden konnten. Als Auslöser wurde ein bislang uncharakterisierter Krankheitserreger angenommen.

Ebenfalls am 31. Dezember 2019 wurde diese Meldung auch über alle Nachrichtenagenturen verbreitet.

In Anbetracht dessen, dass der chinesischen Regierung immer wieder unterstellt wird, dass sie Informationen jedweder Art, wenn überhaupt, nur verzögert kommuniziert, hätte die nun informierte Weltgemeinschaft gewarnt sein müssen. Müssen, weil jedem Menschen hätte klar sein müssen, dass die Lage ernst ist, wenn die sonst gar nicht so mitteilungsbedürftigen Chinesen sich an die Weltgemeinschaft wenden.

Allein, es passierte weltweit nichts. Lediglich US-amerikanische Unternehmen flogen ihre Mitarbeiter, in unmittelbarer Folge dieser Nachrichtenlage, aus China aus.

Am 01.01.2020 wird der Tiermarkt in Wuhan, der als wahrscheinlicher Verursacher der Pandemie gilt, geschlossen.

Am 06.01.2020 berichten deutsche Medien erstmals über eine „rätselhafte Lungenkrankheit" in China und das die WHO besorgt ist.

Es vergehen drei Tage, bis am 09.01.2020 bestätigt wird, dass die Ursache für die bisher unbekannte Lungenkrankheit offensichtlich auf einen neuen Virustyp zurückzuführen ist.

Am 11.01.2020 verbreiten die Medien, dass, infolge der mysteriösen Lungenkrankheit, der erste Tote, ein 61 Jahre alter Mann, der unter diversen Vorerkrankungen litt, zu vermelden ist und es mehrere hunderte Infizierte in China gibt.

Es vergehen 6 weitere Tage, bis am 17.01.2020 ein 69-jähriger an den Folgen des Virus stirbt. Es wird vermeldet, dass erstmals das Virus auch in anderen Ländern Asiens, in Thailand, Japan, Hongkong, Singapur und Südkorea nachgewiesen wurde.

Die Weltgesundheitsorganisation WHO vermeldet, dass es keine klaren Beweise für eine Übertragung von Mensch zu Mensch gibt.

Am 18.01.2020 meldet China eine Vielzahl weiterer Fälle.

Am 20.01.2020 taucht erstmals in den Medien die Frage auf, wie gefährlich der neue Erreger für Menschen sein könnte. An diesem Tag bestätigt die chinesische Regierung, dass es zweifelsfrei erwiesen ist, dass das Virus auch von Mensch zu Mensch übertragen werden kann. Die Medien stellen die Frage, ob nun eine Pandemie droht.

Am 21.01.2020 dann das erste große Beben in den Medien. Der Virologe, Prof. Dr. Drosten, bestätigt, dass die Lungenkrankheit in China ein neuer Typ des SARS-Virus ist und das jetzt schnell gehandelt werden müsse, um eine Ausbreitung zu verhindern.

Ab diesem Tag wird dem Virus tägliche Aufmerksamkeit geschenkt, es ist omnipräsent.

Am 23.01.2020 wird der Ursprungsort der Pandemie, unter Quarantäne gestellt. Die chinesische Regierung setzt die zentralen Neujahrsfeiern ab, was die Ernsthaftigkeit der Lage weltweit jedermann klar vor Augen hätte führen müssen.

76 Tote und 870 Neuinfektionen verzeichnet China am 24.01.2020 und die chinesische Gesundheitsbehörde installierte im ganzen Land Fieber-Messstationen.

26.01.2020 - Während Frankreich, Japan und die USA, Rückholaktionen ihrer Bürger aus Wuhan ankündigen, sollen Deutsche vorerst nicht zurückgeholt werden.

27.01.2020 - Die Bundesregierung erwägt nun auch, ausreisewillige Deutsche aus China auszufliegen.

28.01.2020 - Der erste Infektionsfall in Deutschland.

29.01.2020 - Fluglinien streichen erste Verbindungen und weltweit ergreifen Staaten und Unternehmen erste Schutzmaßnahmen.

09.02.2020 - Der nahende Orkan Sabine ist tagelang das einzig beherrschende Thema in den Medien.

15.02.2020 - Wurde das Virus vermutlich auf einer Karnevalssitzung im Kreis Heinsberg auf einen größeren Kreis von Personen übertragen. Seitdem gilt der Kreis Heinsberg als Corona-Hotspot.

Von da an, ändert sich die Nachrichtenlage, als dass das Virus das allbestimmende Thema ist.

Ab diesem Datum wird hier nicht auf die weiteren chronologischen Abläufe eingegangen, denn die entscheidenden Fragen betreffen den Zeitraum bis hierhin.

Der Tsunami trifft auf Land

Wie konnte es dazu kommen, dass die Regierung, obwohl sie doch vom Robert-Koch-Institut beraten wurde, die Gefahr so lange unterschätzt hat? Oder warum hat das Robert-Koch-Institut die Gefahr so lange falsch eingeschätzt? Mitverantwortlich für deren Passivität könnte ein Problem der heutigen Zeit sein, dass sich niemand mehr traut, den Kopf in den Wind zu halten und eine Position zu vertreten, die nicht so wissenschaftlich untermauert ist, dass sie allen Argumentationen standhält.

Politiker und andere Entscheidungsträger äußern sich nicht, weil es oberste Prämisse ist, sich nicht wegen einer falschen Einschätzung angreifbar zu machen.

Bezogen auf das Robert-Koch-Institut bedeutet das, dass man dort die Gefahren sicher sofort nach den ersten Berichten im Dezember 2019 richtig eingeschätzt hat, aber sich scheute, dies zu artikulieren. Eben, weil die theoretische Möglichkeit bestand, dass am Ende alles anders kommt, als es der normale Menschenverstand und der Stand der Wissenschaft jedermann erahnen ließe.

Es gab zu diesem Zeitpunkt schlicht keine wissenschaftlichen Beweise, dass die Gefahr einer Übertragungsmöglichkeit von Mensch zu Mensch besteht. Also machen Wissenschaftler das, was sie in solchen Fällen tun: sie forschen. Erst als dann der Erweis erbracht wurde, dass die Übertragung auf diesem Wege möglich ist, scheute man das Licht der Öffentlichkeit nicht mehr und warnte vor der drohenden Gefahr.

Wertvolle Wochen gingen so verloren, weil die Wissenschaftler keine Risikoabschätzung vornehmen und es an Mut mangelt, die Politik und die Menschen rechtzeitig, auch unter der Gefahr einer Fehlinformation, zu warnen.

Dabei musste der gesunde Menschenverstand schon Anfang Januar 2020 jedermann klarmachen, dass ein derartiges Virus nicht exklusiv in China auftreten wird. Das zu glauben und keine Maßnahmen zu ergreifen, ist angesichts einer vernetzten Welt, und angesichts dessen, dass Frankfurt eines der großen chinesischen Drehkreuze im internationalen Flugverkehr ist, nicht nur fahrlässig und ignorant, es ist schlichtweg dumm. Es gibt keine rationale Erklärung dafür, dass die Medien und die Politik dieses Thema so lange verharmlost haben.

Internationale Beobachter haben schon zu Beginn des Jahres erkannt, wie das Virus sich ausbreitet und welche Gefahren davon ausgehen. Wenn infolge dessen, Unternehmen ihre Mitarbeiter aus China ausfliegen und wenn man beobachten konnte, wie in China und Asien mit der Gefahr umgegangen wird, muss man davon ausgehen, dass die Bundesregierung, mit all ihren Möglichkeiten und auch das beratende Robert-Koch-Institut, die Gefahren ebenfalls sofort einschätzen konnten.

Kein Mensch konnte ernsthaft annehmen, dass dieses Virus nicht den Weg außerhalb Asiens findet, und die Gesundheit aller Menschen gefährdet.

Auch kann man nicht ernsthaft annehmen, dass es „irgendwie" wirtschaftlich schon weitergehen wird, wenn in China der Motor der Weltwirtschaft ausfällt.

Es ist eine Verhöhnung der Tatsachen, dass angesichts dieser Fakten, von Politkern und von besagtem Institut, bis nach Karneval noch davon gesprochen wird, dass es keinen Grund zum Aktionismus gäbe. Die Bürger sollen doch bitte so weiterleben wie bisher auch und auch Masken zu tragen sei unsinnig.

Es wurde zunächst vermittelt, dass die Chinesen mal wieder etwas übertreiben und man die Meldungen nicht so ernst nehmen müsse.

Alle die, die rechtzeitig vor den Gefahren des Virus gewarnt haben, wurden als Verschwörungstheoretiker dargestellt und aus den Medien verbannt. Das einzig noch zulässige Sprachrohr der Politik ist das Robert-Koch-Institut.

Das man dann, Wochen später, plötzlich und angesichts der offensichtlich nicht mehr zu stoppenden Pandemie, davon spricht, dass man frühzeitig reagiert habe, ist schlicht unfassbar. Es wird eine Krise unbekannten Ausmaßes geben, mit Konsequenzen, die die Menschen jetzt noch gar nicht begreifen, denn wir alle haben keine Erfahrungen mit Krisen. Mit dem Versterben der Kriegsgeneration sind Erfahrungen mit realen Krisen aus unserem Leben verschwunden. Wenn heutzutage das Internet mal für drei Stunden ausfällt, bekommen weite Teile der Bevölkerung schon eine Krise und auch die Unternehmen sprechen dann schon von einer Krisensituation.

Das aber ist nichts, im Vergleich zu den direkten und langfristigen Folgen, die den Menschen viel Lebensqualität kosten wird, weil sich existenzielle Ängste einstellen werden.

Aber vielleicht sind die menschlichen Tragödien und Todesfälle gar nur Kollateralschäden, um die eingangs erwähnte Finanzwelt, Immobilienmärkte und Weltwirtschaft auf den Boden der Realität zurückzuholen und so eine Art Neustart herbeizuführen.

Das Virus selbst stellt ein gesundheitlich klar abgrenzbares Risiko dar. Das eigentliche Chaos, mit unbekannten Folgen für die Wirtschaft, entsteht allein durch den Umgang der Politik mit dem Virus.

Das Virus war präsent, es kam nicht plötzlich, wie ein Erdbeben oder ein Tsunami, vor welchen Wissenschaftler mittlerweile zuverlässig warnen können. Beispielhaft für eine funktionierende und rechtzeitig warnende Wissenschaft, ist der Orkan Sabine, der Anfang Februar über Europa hinweg zog, und vor dem die Meteorologen frühzeitig warnten. Dass er letztlich deutlich weniger Schäden anrichtete, als vorher prognostiziert wurde, ist besser zu verkraften, als überhaupt nicht zu warnen.

Die, die Bundesregierung beratenden Wissenschaftler, haben das Land sehend in diese Situation geführt.

Basierend auf all diesen Fakten, kann festgestellt werden, dass das Robert-Koch-Institut bzw. die beratenden Wissenschaftler, komplett versagt haben.

Wie konnte das Virus einen solchen Stellenwert erreichen?

Wie konnte es dazu kommen, dass die Welt so geschockt ist, von einem Virus, der für weite Teile der Menschheit keine allzu große Gefahr darstellt?
In allen Ländern der Welt wurden vielfältige und drastische Maßnahmen getroffen, das soziale Leben wurde eingeschränkt, Menschen erleiden Ängste und Nöte und auch die Weltwirtschaft wird in eine katastrophale Situation manövriert.
Vielfältigste negative Folgen, die an anderer Stelle noch Erwähnung finden, werden die Konsequenz sein. Es wird Verlierer in allen Teilen der Gesellschaften rund um den Globus geben, die wir alle jetzt noch nicht kennen.
Die Weltgeschichte bietet genügend Beispiele und es besteht kein Zweifel, dass eine solche Krise, für alle Menschen und Teile der Wirtschaft langjährige und unangenehme Folgen haben wird.
Die von dem Virus ausgehende Gefahr ist überschaubar und zudem klar definiert. Der Kreis der Menschen, die einem hohen gesundheitlichen Risiko ausgesetzt sind, ist zweifelsfrei identifiziert.
Man sollte meinen, eine eigentlich relativ leicht beherrschbare Situation.
Die einzig sich stellende Frage dieser Zeit ist:

Wie können die Schützenwerten geschützt werden?

Warum ist diese so elementare Frage nicht gestellt worden?
Warum nehmen die Regierungen dieser Welt unisono einen Kollateralschaden an Menschen und Wirtschaft in Kauf?
Die medizinische und wissenschaftliche Faktenlage ist eindeutig und rechtfertigt die eingeleiteten Schritte in keinster Weise. Umso mehr stellt sich die Frage nach dem Grund, der so drastischen Konsequenzen.

In Tagen wie diesen, wo keine Partei eine oppositionelle Position einnimmt, wo keine öffentlichen bzw. politischen Diskussionen stattfinden und die Völker dieser Welt den Worten und Weisungen der Politiker blind vertrauend folgen, ist es besonders wichtig, die Entscheidungen kritisch zu hinterfragen und gegebenenfalls dies auch zu artikulieren.

Im Grunde verbietet sich jeglicher Vergleich, aber letztmals gab es in den 30er- und 40er-Jahren in Deutschland eine Situation, in der in den Medien keine kritischen Stimmen zu hören und lesen waren.

Allerdings herrschten damals andere Umstände und die Medien wurden von den Machthabenden missbraucht.

In der heutigen Zeit steuern die Medien die Machthabenden und die politischen Entscheidungsfindungen.

Eine sicher gewagte These, die sich anhand eines Beispiels aber verdeutlichen lässt.

Es gilt Gemeinhin der Gedanke, dass Politiker Entscheidungen immer davon abhängig machen, wie viele Wählerstimmen sie bringen oder kosten können. Es gilt als selbstverständlich, dass Entscheidungen immer nur so weit reichen, dass sie bei der nächsten Wahl möglichst vergessen oder aber noch frisch in der Erinnerung sind.

Die an dieser Stelle entscheidende Frage ist aber, wer gibt dem Volk die Stimme um sich zu artikulieren?

Die Antwort ist einfach: Es sind die Medien.

Erst die Medien verschaffen der Bevölkerung Gehör. Nur sie sind in der Lage, fokussiert und, durch fortwährend gezielte Berichterstattung, die Politik zum Handeln zu bewegen.

Es entsteht eine Art der Penetranz, der sich Bürger und Politiker nicht entziehen können.

Die meisten Medien berichten frei und ohne politische Zwänge, wenngleich es immer Tendenzen pro und contra in die eine oder andere Richtung gibt.

Es ist auch nicht anzunehmen, dass Medien ihre Macht bewusst missbrauchen.

Niemand kann aber die manipulativen Machtmöglichkeiten der Medien in Zweifel ziehen und man kann auch zweifelsfrei feststellen, dass es kein Phänomen der neueren Zeit ist. Es ist unstrittig, dass die unerlässliche Berichterstattung seitens der Medien, ein Treiber politischer Reaktionen ist und bei den Bürgern manipulative Auswirkungen hat. Dessen sind sich die Medien bewusst und deswegen sollten sie sehr sorgsam und kritisch mit einseitiger Berichterstattung umgehen.

Beispielhaft für quasi von den Medien erzwungene politische Reaktionen ist das Waldsterben, infolge des Sauren Regens. 1981 schien das Schicksal des deutschen Waldes besiegelt. Kaum ein Umweltthema hat die Menschen in der damaligen Bundesrepublik je so geeint, wie die kollektive Angst vor dem Tod des deutschen Waldes. "Erst stirbt der Wald, dann stirbt der Mensch", lautete der Slogan. Dass man sich Sorgen machte, stimmt, ebenso dass der Regen im Schnitt saurer als sonst war (Regen ist und war immer sauer), aber es gab nie ein großflächiges Waldsterben wegen des Sauren Regens, ebenso wie die damaligen Prognosen (in fünf Jahren sterben die ersten Wälder großflächig weg) völlig falsch waren.

Damals gingen zuerst wenige Umweltaktivisten auf die Straße. Nachdem deren Proteste mediale Unterstützung erhielten, entwickelten auch bis dahin uninteressierte Bürger Interesse und beteiligten sich an den Protesten. So wurde aus einer kleinen Bewegung, eine Massenbewegung, mit der daraus resultierenden Dynamik.

Durch die Möglichkeiten der sozialen Medien dieser Zeit, würde man von der Entstehung eines Flashmobs sprechen. Eben einem, mehr oder weniger, unsinnigen Aufruf, dem ungeahnt viele Menschen folgen.

Damals haben die Medien dieses Thema aufgegriffen, auf ein mögliches Problem hingewiesen und dabei vielleicht selbst nicht ausreichend recherchiert oder aber auch nur Wissenschaftler zu Rate gezogen, die eben genau die passenden Thesen vertraten.

Man darf aber auch nicht verkennen, dass sie damit politische Entscheidungen forciert haben, die zweifelsfrei richtig waren und aus heutiger Sicht absolut selbstverständlich sind.

Die Folgen waren und sind weitreichend: Schornsteine von Fabriken und Kraftwerken wurden höher gebaut, was zum Ziel hatte, Schadstoffe flächenmäßig weiter zu verteilen. 1983 wurde die „Großfeuerungsanlagenverordnung" zur Verringerung der Emissionen von Schwefeldioxid und Stickstoffoxiden aus Kraftwerken erlassen. Dies übrigens mit großem Erfolg, denn die Schadstoffemissionen aus der Großindustrie wurden stark reduziert.

Anhand dieses Beispiels kann verdeutlicht werden, dass die prophezeite These, in dem Fall, das Waldsterben, nicht eingetreten ist und bei den Menschen leichtfertigerweise Ängste und Sorgen ausgelöst wurden. Andererseits aber, quasi als nützlicher Nebeneffekt, zwingend notwendige Schritte eingeleitet wurden. Auch wenn deren Richtigkeit erst Jahre später an Beachtung und Bedeutung gewannen.

Insofern bedarf es einer differenzierten Betrachtung.

Diese Bespiele lassen sich über das Ozonloch, dass uns allen Hautkrebs bescheren würde, bis zur letzten CO_2-Debatte beliebig fortführen. Medien hypen Themen so lange, bis sie damit Konsequenzen erzielen oder bis ein noch besser verkaufbares Ereignis eintritt.

Die aktuelle Krise basiert auf der identischen Konstellation, wie das eingangs beschriebene Waldsterben.

Die Medien greifen auf, dass es einen neuartigen Virus gibt und messen den ersten Toten in China, wie die Bürger auch, keine sonderliche Bedeutung bei. Als die Anzahl der Toten steigt und der erste Fall in Deutschland bekannt wird, kommt der Medienapparat in Fahrt.

Die Spirale beginnt sich immer schneller zu drehen. Je mehr Tote, je mehr Bedrohung und desto dominierender die Nachrichtenlage zu diesem Thema.

Kann das Virus auch zu uns kommen? Wie gefährlich ist das Virus wirklich?

Fragen, die zurecht von hochqualifizierten Fachmännern beantwortet werden sollten.

Als dann die ersten Toten und steigende Infektionszahlen in Deutschland vermeldet werden, sind die beiden in diesem Kapitel genannten Thesen verknüpft.

Die Medienmaschinerie läuft auf Hochtouren und Spezialisten auf dem Gebiet der Medizin und Virologie werden zu täglichen Stellungnahmen gebeten. Sie sind omnipräsent, werden zu Popstars der Krise und erreichen Bekanntheitswerte, die denen wirklicher Popstars gleichen. Sie klären, aus rein wissenschaftlicher Sicht, seriös auf und vermitteln täglich den neusten Erkenntnisstand.

Die Politik reagiert darauf mit den bekannten Maßnahmen und Einschränkungen.

Wissenschaftliche Stimmen, die das Vorgehen der Politik für vollkommen falsch halten, gibt es genügend. Aber sie finden kein Gehör. Gegenteilige Berichterstattung passt jetzt nicht mehr zum Geschäft.

Die Berichterstattung ist tendenziös und nicht mehr geprägt von Offenheit. Meinungsfreiheit findet in der Form nicht mehr statt, als dass man sie zwar äußern könnte, aber da sie medial keine Möglichkeit hat, sich Ausdruck zu verleihen, ist sie de facto unterdrückt.

Ein positiver Nebeneffekt ist, dass es, dank der einseitigen Informationspolitik, wesentlich leichter ist, die Bürger zum Einhalten der eingeführten Verhaltensmaßnahmen zu bewegen.

Es scheint nur den einen Weg zu geben und so besteht in weiten Teilen der Bevölkerung die Meinung, dass es jetzt wohl so sein müsse, wie es eben ist.

Einigkeit und Solidarität ist jetzt das Gebot der Stunde. Dabei wäre jetzt die Zeit des investigativen Journalismus. Jetzt gälte es, die getroffenen Entscheidungen kritisch zu hinterfragen und andere Möglichkeiten der Problemlösung zu diskutieren.

Alles wie immer, könnte man denken. Nur sind jetzt alle Grenzen überschritten.

Wir erleben die erste, von den Medien ausgelöste, weltweite Krise.

Die Berichterstattung erfolgt konstant in eine Richtung. Es werden Infizierten- und Opferzahlen verglichen, andere Aspekte und wesentliche Zusammenhänge aber komplett weggelassen.

Das platzierte Thema wird weiter bedient. Es ist die derzeit beste Story. Der mediale Super-Gau wird weiter befeuert.

Die folgenden Kapitel werden vermitteln, welche Themen nicht berücksichtigt wurden und welche Folgen daraus resultieren.

Italienische Mode und das Virus

Es verwundert ein wenig und zeugt von wenig investigativem Journalismus, aber in der öffentlichen Diskussion, ist die Frage, warum Italien als erstes Land in Europa betroffen war und nun mit am schlimmsten betroffen ist, nie gestellt worden. Dabei ist eine Erklärung so einfach.

Das ausgerechnet im Norden Italiens die ersten Fälle auftraten und das dieser Landesteil so außergewöhnlich stark von der Ausbreitung betroffen ist, könnte direkt mit China zusammenhängen. Das ist jedenfalls die zentrale These in zahlreichen italienischen Medienberichten.

So hat die Ausbreitung des Coronavirus, in der Provinz Lodi, nur wenige Kilometer von der Modemetropole Mailand entfernt, ihren Anfang genommen.

Da stellt sich die Frage, warum ausgerechnet dort.

Für viele italienische Medien gibt es dazu einen Grund, und der heißt "Pronto Moda".

Darunter verstehen Italiener die schnelle Produktion von vermeintlich italienischen Produkten, die in Italien von Chinesen, und unter chinesischen Bedingungen, hergestellt werden.

Zehntausende Chinesen arbeiten, teils illegal, ohne Versicherung und ohne ärztliche Versorgung, in sogenannten Sweatshops. Teilweise schlafen sie in den Fabriken und nicht selten herrschen dort erbärmliche Zustände, die der Verbreitung des Virus förderlich sind.

Es ist natürlich nicht bewiesen, aber die Vermutung liegt nahe, dass tausende Arbeiter aus Norditalien zum chinesischen Neujahrsfest nach China gereist waren und anschließend, bei der Rückkehr nach Italien, das Virus mitgebracht haben.

Das Virus hätte den Weg auch so in die Welt gefunden, aber so ist zumindest diese, bisher ungestellte Frage, beantwortet.

Die vergessenen Influenza-Toten des Jahres 2017/2018

Deutschland wurde in den Jahren 2017/2018 von einer starken Grippewelle getroffen, wie es sie seit 30 Jahren nicht mehr gab.
Aufgrund dieser ungewöhnlichen Grippewelle gab es damals neun Millionen Arztbesuche.
Infolgedessen gab es ca. 45.000 Krankenhauseinweisungen aus primärversorgenden Arztpraxen.
Die Gesamtzahl der Toten lag damals bei schätzungsweise 25.100 Menschen.
Das Robert-Koch-Institut schreibt dazu, dass die Grippewelle in dieser Saison, in der 52 Kalenderwoche begann, und mit der 14ten Kalenderwoche im Jahr 2018 endete, was 16 Wochen oder 112 Tagen entspricht.
Das bedeutet im Klartext, dass täglich nachweislich 224 Menschen in Folge einer Grippe verstorben sind.
Da verwundert es schon, dass damals täglich weit mehr Menschen an einer „normalen" Grippe gestorben sind, als jetzt, in Folge des vermeintlich so gefährlichen Virus.
Aber es wirft auch die Frage auf, warum solche Zahlen damals nicht den Weg in die Medien gefunden haben bzw. warum die Vertreter des Robert-Koch-Instituts auf diese Zahlen aktuell nicht verweisen. Denn, diese Zahlen würden vieles relativieren und Ängste nehmen.
Aber es verwundert noch mehr, dass damals keine Maßnahmen ergriffen wurden. Es ist halt ein Problem der Wissenschaft, dass sie erst Wissen schaffen muss, um daraus Erkenntnisse zu gewinnen, die in der weiteren Zukunft wichtig sein könnten.
In dem konkreten Fall nutzte es den vielen Toten nichts, dass sie im Nachhinein wissenschaftlich korrekt erfasst wurden. Schon damals wäre es angezeigt gewesen, aus dieser schweren Grippewelle Konsequenzen zu ziehen und die Menschen rechtzeitig intensivmedizinisch zu versorgen.

Eine Erinnerung an die vielen Toten und somit eine Relativierung zu den aktuellen Totenzahlen, würde aber auch bedeuten, dass die Menschen merken würden, dass irgendwas nicht stimmt, an der Geschichte des menschenvernichtenden Corona-Virus.

Da lassen sich, mit der reinen Zahl der Infizierten, schon weit mehr Menschen beeindruckenden.

Die bewusst herbeigeführte Naivität

Die deutsche Geschichte lehrt, dass man mit Parolen ein Volk begeistern und es mit Durchhalteparolen gar ins Verderben treiben kann. In dieser Krise wird der eingeschlagene Weg seitens der Politik und des beteiligten Robert-Koch-Instituts als der einzig richtige erklärt.

Die Medien berichten tendenziös und lassen keinen Zweifel an der Richtigkeit des eingeschlagenen Weges. Dazu lassen sie keine Möglichkeit aus, die gängigen Parolen #bleibzuhause etc. zu verbreiten. Es scheint, als ginge es einzig darum, das Volk bewusst linientreu zu halten.

In Treu und Glauben an dem proklamierten Weg festhalten. Das ist das Gebot der Stunde.

Dabei vertreten namhafte Wissenschaftler, eine gänzlich andere Auffassung, wie man der Ausbreitung des Virus entgegentreten könne und, vor allem, wieso die alltäglich genannten Zahlen nicht aussagekräftig und nicht relevant sind.

Nicht genug, dass nur das Robert-Koch-Institut tägliche neue Zahlen übermittelt, zusätzlich vermelden die Medien plötzlich auch noch die Zahlen der Johns-Hopkins-Universität aus den USA, die übrigens nach dem Vorbild deutscher Universitäten lehrt.

Scheinbar ein Wettkampf um die aussagekräftigsten Zahlen, der in den Medien entbrannt ist und der die Situation dramatisieren und somit die Richtigkeit der Maßnahmen unterstreichen soll.

Es scheint unwirklich, dass das Innenministerium von Nordrhein-Westfalen einen führenden Virologen beauftragt, selbst Corona-Studien durchzuführen und die Diagnostik zu übernehmen, weil das Robert-Koch-Institut, kein Interesse daran hatte.

Was unweigerlich die Frage aufwirft, warum sie kein Interesse hatten. Vielleicht, weil es genügt, das mediale Feuer am Lodern zu halten und der Bürger deren Worten, mangels Alternativen, vertrauen muss.

Auch, dass das Robert-Koch-Institut aus Gründen des Infektionsschutzes sich gegen Obduktionen und damit gegen den Nachweis, woran die Menschen letztlich wirklich verstarben, ausspricht, ist eine Farce, was auch vom Bundesverband der Pathologen scharf kritisiert wird.

Aber irgendwie auch konsequent, wenn deren Präsident bestätigt, dass testpositive Verstorbene unabhängig von der wirklichen Todesursache als Corona-Todesfall gezählt werden. Es gilt jemand als Corona-Todesfall, bei dem eine Corona-Virus-Infektion nachgewiesen wurde. Das bedeutet, wer in Folge eines Autounfalls stirbt und dann als infiziert registriert wird, zählt zu den Corona Toten. Was tut man nicht alles, um die Totenzahlen und die Angst hochzuhalten? Es ist unfassbar.

Es scheint, als unternehme man alles, um den Menschen, den eingeschlagenen Weg als alternativlos zu unterbreiten und in der Bevölkerung eine gewisse Naivität herbeizuführen.

Die überfüllten Krankenhäuser

Erschütternde Bilder aus den Krankenhäusern in Italien und Spanien gingen um die Welt und schürten Angst vor ebensolchen Zuständen in unseren Kliniken.

Da scheint es verständlich, dass die Politik die Zahl der zeitgleich Infizierten so gering als möglich halten möchte.

Allerdings, und das wird in der öffentlichen Berichterstattung nicht erwähnt, greifen in Zeiten von Sars-CoV-2 andere Mechanismen, als sonst.

Wenn in Corona-freien Zeiten ein älterer Mensch mit einer Influenza oder mit Atemwegserkrankungen einen Arzt aufsucht, wird er nur in ein Krankenhaus überwiesen, wenn dies dringend medizinisch erforderlich ist.

Meist wird der Patient nach Hause geschickt und, falls angezeigt, medikamentös versorgt.

Tritt neben der Influenza zusätzlich eine Bakterien-Infektion (z. Bsp. eine Lungenentzündung) auf, wird diese mit Antibiotika behandelt.

In dieser Situation, vergessen wir nicht das hohe Alter der Gefährdeten, ist der Erkrankte mehr oder minder auf sich allein gestellt.

Wo würde in einem solchen Fall der Erkrankte sterben? Dort, wo die Mehrzahl der Menschen, die eines natürlichen Todes oder auch altersbedingt sterben: zuhause.

In Zeiten von Corona ist die Situation eine völlig andere.

Erkennt der behandelnde Arzt, dass der Betroffene infiziert ist, wird abgewogen, wie verfahren wird.

Junge und nicht gefährdete Personen, werden in häuslicher Quarantäne gesetzt. Sie unterliegen zwar dann einer besonderen ärztlichen Beobachtung, aber ansonsten geschieht nichts. Sind die Symptome abgeklungen, gilt der Patient als genesen.

Anders die Situation bei alten und besonders gefährdeten Menschen. Welche eben nicht, wie bei einer Influenza, nach Hause geschickt werden und dann still und heimlich versterben. Sie werden medizinisch besonders beobachtet und werden infolgedessen auch weit häufiger ins Krankenhaus eingewiesen, als es bei jeder anderen Art von Krankheitsbild der Fall wäre. Allein dieser Umstand führt zu den völlig überfüllten Krankenhäusern.

Natürlich ist jeder Tote tragisch und es muss alles getan werden um Leben zu schützen.

Es sollte lediglich aufgezeigt werden, dass Menschen halt deutlich schneller ins Krankenhaus eingewiesen werden als es üblicherweise der Fall ist.

Letztlich, und das werden Statistiken früher oder später belegen, sind durch Sars-CoV-2 nicht mehr Menschen gestorben als in anderen Jahren an einer Grippe.

Allein der Todesort und die Berichterstattung darüber haben sich geändert.

Verstörendes Zahlenspiel

Da verkünden Politiker und Virologen mit einer Stimme, dass die Krise überstanden sei, wenn ca. 70% der Bürger einmal infiziert gewesen sind.

Das bedeutet, dass es in Deutschland ca. 58 Millionen Menschen sein müssten.

Aktuell sind ca. 130.000 Menschen mit dem Virus infiziert und es wird alles getan, um dieses Level beizubehalten, und das Gesundheitssystem nicht zu überfordern.

Um zu verdeutlichen, dass an dieser Argumentation irgendetwas nicht stimmen kann, werden folgende Überlegungen angestellt:

Es wird eine Blitzheilung aller Infizierten unterstellt, bei der die heutigen 130.000 Infizierten schon morgen wieder geheilt sind und durch neue 130.000 Infizierte ersetzt würden.

Dann würde das bedeuten, dass es 446 Tage dauern würde, bis die Situation safe ist.

Eine illusorische Zeitspanne, die aber zeigt, wie absurd die getroffenen Maßnahmen sind, denn eine so lange Zeit, dass wissen alle Beteiligten, kann der Shutdown nicht bestehen.

Geografische Aspekte

Es klingt banal, aber die durch das Virus möglicherweise ausgelösten Folgen sind bei allen Menschen und in allen Teilen der Welt, unter gleichen Voraussetzungen, identisch.
In diesem Kapitel soll, mit den Daten vom 14.04.2020, die dem Portal der Weltgesundheitsorganisation entnommen wurden, länderübergreifend veranschaulicht werden, welche Auswirkungen das Virus bisher hatte.
Eine präzisere Betrachtung der Gegebenheiten in den einzelnen Ländern ist erforderlich, weil Fallzahlen von einem Land mit einem anderen nicht einfach verglichen werden können, ohne die länderspezifischen Gegebenheiten zu berücksichtigen.
Es gibt unterschiedlichste Szenarien und Gründe, warum die Fallzahlen, wenn sie rein unter statistischen Aspekten betrachtet werden, nicht aussagekräftig sind.
Es ist falsch, Ableitungen für die Situation in unserem Land daraus zu ziehen und dabei wesentliche Parameter zu missachten.
So ist beispielsweise die häufig getroffene Aussage, dass es in Deutschland weniger Tote als in Italien geben wird, weil wir früher und mehr testen, absurd. Um eine solche Erkenntnis gewinnen zu können, müssen alle Erkenntnisse bedacht und verknüpft werden.
Fakt ist, dass das Gesundheitssystem und die Verfügbarkeit von Intensivbetten allein eine nicht so gravierende Position einnehmen, wie es der Bevölkerung gern vermittelt wird.
Beim Lesen der folgenden Seiten, wird in vielfältigster Weise deutlich, dass manche Thesen der Realität nicht standhalten können.
So hat ein Land wie der Iran, welches in etwa so viele Einwohner aber kein so gutes Gesundheitssystem wie es Deutschland hat, annähernd die gleiche Anzahl von Toten.

Südkorea hingegen, hat, trotz der Nähe zu China, nur einen Bruchteil der Todesfälle zu verzeichnen, wie in Deutschland. Hier zeigt sich, was rechtzeitige und zielführende Maßnahmen bewirken.

Es zeigt sich auch, dass es erklärbare Gründe gibt, warum Italien prozentual am stärksten betroffen ist.

Deutlich wird auch, dass der afrikanische Kontinent, mit der am Abstand schlechtesten Gesundheitsversorgung, die mit weitem Abstand, geringste Todesfälle zu verzeichnet.

China

Einwohner: 1,4 Milliarden

Tote: 3.351

Qualität Gesundheitssystem: Aus den schlechten Erfahrungen während der Sars-Krise hat das Land gelernt und die Gesundheitsversorgung verbessert. Im weltweiten Vergleich liegt es aber noch zurück.

Obschon in der Volksrepublik China die Pandemie Ihren Ursprung hatte und entsprechend das Land in jedweder Hinsicht allen anderen immer einen Schritt voraus ist, verdient es doch besondere Beachtung.

Zunächst einmal gilt es zu beachten, dass es in der Natur der Dinge liegt, dass ein neuartiges Virus zunächst einmal als solches erkannt werden muss. Es müssen eine Vielzahl von Menschen gleiche Symptome aufweisen und dies vom Gesundheitssystem als eine bis dato unbekannte Erkrankungsform diagnostiziert werden. Dies braucht Zeit, Zeit in der sich das Virus ungehindert ausbreiten kann.

Ein wesentlicher Faktor ist auch die Staatsform, die drastische Maßnahmen zulässt, wie sie in kaum einem anderen Land der Welt möglich wären. Gepaart mit drakonischen Strafen, die bei Verstößen gegen die Anweisungen zu erwarten wären, lassen sich große Teile der Bevölkerung isolieren, eine Reise- und Ausgehsperre erlassen und so eine schnelle Ausbreitung des Virus verhindern. Um die Möglichkeiten der Regierung richtig einzuschätzen, sollte man wissen, dass in der einst vollständig abgeriegelten Provinz Hubei beispielsweise 58,5 Millionen Menschen leben. Nicht wenig, um diese mal eben abzuriegeln.

Historisch mehrfach belegbar, sind die von der Zentralregierung gemeldeten Zahlen nicht immer realitätsnah. So ist es, angesichts der mit Vorsicht zu genießenden Fallzahlen, nicht seriös möglich, Erkenntnisse aus den verhängten Maßnahmen zu ziehen.

Völlig unabhängig aller Fragen nach der Motivation, muss China zugutegehalten werden, dass sie den notleidenden Ländern der Welt, schnell und unbürokratisch mit der Lieferung von verschiedensten dringend benötigten Waren geholfen haben.

Iran

Einwohner: 81,1 Millionen

Tote: 4.585

Qualität Gesundheitssystem: Leidet stark unter den Wirtschaftssanktionen.

Der Iran war nach China eines der ersten Länder, das schwer vom Virus getroffen wurde. Die US-Sanktionen haben die internationale Hilfe verhindert bzw. verlangsamt. Rein rechtlich lassen es die Sanktionen zu, humanitäre Produkte an den Iran zu verkaufen.

Aus Angst vor US-amerikanischen Konsequenzen, scheuen Unternehmen das Risiko, die der Handel mit dem Iran mit sich bringen würde.

Auch leben im Iran arme Menschen häufig in kleinen Häusern mit großen Familien zusammen. Dazu sind die Wohnviertel meist dicht besiedelt. Selbstquarantäne und soziale Distanzierung sind für sie kaum eine Option.

Letztlich bleibt abzuwarten, welchen Tribut die Krankheit in dem Land fordern wird. Die Bevölkerung ist relativ jung, so dass die Sterblichkeitsrate vermutlich vergleichsweise niedrig bleiben wird.

Nichtdestotrotz ist es ein Verbrechen gegen die Menschlichkeit, dass die Sanktionen, angesichts dieser Krise nicht ausgesetzt werden.

Israel

Einwohner: 8,7 Millionen
Tote: 103
Qualität Gesundheitssystem: Der Standard der medizinischen
Versorgung in Israel ist hoch.

Das Land hat früh eine 14-tägige Quarantäne verhängt, die für
alle galt, die in das Land einreisen wollten und so versucht, die
Epidemie einzudämmen.
Als diese Maßnahmen nicht entscheidend die Verbreitung des
Virus verhindern konnten, wurde zunächst eine Ausgangssperre
verhängt, die später noch verschärft wurde. Die Menschen
dürfen sich, außer in Ausnahmefällen, nur noch in einem Radius
von 100 Metern von ihrem Zuhause bewegen.
Die Erkenntnis ist bitter, aber vermeintlich haben sie frühzeitig,
konsequent und scheinbar richtig gehandelt, nur leider ohne den
gewünschten Erfolg, denn die Zahl der Infizierten stieg trotzdem
konsequent an.

Italien

Einwohner: 60,48 Millionen
Tote: 19.901
Qualität Gesundheitssystem: Schneidet im europäischen Vergleich besonders schlecht ab.

Italien war das erste in Europa betroffene Land und so konnte sich das Virus, ähnlich wie in China, zunächst unerkannt verbreiten, mit all den aus China bekannten Konsequenzen. Als Hotspot erwies sich der Norden des Landes und dort die Region Bergamo. Warum dort, ist die naheliegende Frage. Auch hier sind mehrere Parameter unbedingt zu beachten.

So ist oder war, je nach Betrachtungsweise, diese Region geprägt von relativ hohen Umweltbelastungen und damit einhergehenden vorgeschädigten Lungen und einem nicht so widerstandsfähigem Immunsystem.

Mit Bergamo und Mailand gibt es im Norden des Landes zudem urbane Zentren. Viele Berufstätige leben auf dem Land und pendeln zur Arbeit. Diese Pendler haben als Überträger fungiert. Zusätzlich leben sehr viele alte Menschen in der Region. Erschwerend kommt hinzu, dass sie oft mit jungen, gut vernetzten und mobilen Menschen im selben Haushalt zusammenleben. Wahrscheinlich nirgends in der westlichen Welt gibt es so viele Mehrgenerationenhäuser wie in Italien, was eine Übertragung auf die besonders gefährdeten Hochbetagten, von denen es in Italien übermäßig viele gibt, ermöglicht hat.

Erschwerend kommt hinzu, dass das dortige Gesundheitssystem nach der Finanzkrise, einen enormen Sparzwang auferlegt bekam und extrem vernachlässigt wurde. Makaber, aber mit heutigem Wissen könnte wirklich davon gesprochen werden, dass man sich an falscher Stelle „totgespart" habe.

Insofern treffen in Italien multiple negativ wirkende Faktoren aufeinander, welche die massive Ausbreitung und die vielen Todesfälle erst ermöglicht haben.

Interessant bei der Betrachtung der Entwicklung des gesamten Landes ist es, dass zu Beginn der Krise, als den Menschen das Reisen noch möglich war, viele reiche Italiener aus dem Norden in den Süden reisten. Es wurden auch im Süden des Landes ähnlich katastrophale Zustände wie im Norden befürchtet, die aber nie eingetreten sind, obwohl die Menschen dort durchschnittlich genauso alt sind wie im Norden und auch dort in Mehrgenerationenhäusern zusammenleben.

Dass es so nicht eingetroffen ist, hängt fast einzig und allein mit den dort herrschenden Umweltbedingungen zusammen. Das Immunsystem dieser Menschen ist eben weit weniger belastet, wie im industriell geprägten Norden und dementsprechend ist die Mortalitätsrate auch deutlich geringer.

Kuba

Einwohner: 11,4 Millionen
Tote: 18
Qualität Gesundheitssystem: International hoch eingeschätzt.

60 Jahre werden die Blockaden von den USA mittlerweile aufrechterhalten und trotzdem ist Kuba besser auf die Pandemie vorbereitet, als viele andere Länder des Kontinents und der Welt. Das, obwohl die vom US-Präsidenten Trump verschärften Sanktionen, den Kampf gegen die Ausbreitung des Virus zu einer Sisyphusarbeit machen.

So verlangte der Hohe Kommissar der Vereinten Nationen für Menschenrechte, das sofortige Aussetzen aller Sanktionen. Diese Forderung wurde einen Tag später vom UN-Generalsekretär António Guterres unterstrichen.

Trotz der US-Sanktionen, hat das Land sein weltweit als beispielhaft anerkanntes Präventionssystem zur Eindämmung von Seuchen und Epidemien aufrechterhalten.

Besonders erstaunlich und bewundernswert ist es aber, mit welcher Tatkraft das kleine wirtschaftlich geplagte Land den besonders vom Virus betroffenen Ländern hilfreich, in Form von schnellstens entsandtem medizinischem Personal, zur Hilfe eilt.

Schweden

Einwohner: 10,2 Millionen
Tote: 899
Qualität Gesundheitssystem: Gilt im Ausland häufig als Vorbild.

Deutsche Medien rätseln, ob das gut gehen kann, scheuen sich aber zeitgleich den von Schweden eingeschlagenen Weg zu kritisieren.

Denn Schweden wählt, **als einziges Land der Welt**, den zielführendsten Weg, der unter Abwägung aller Parameter, geringes menschliches Leid, mit geringem wirtschaftlichem Schaden verbindet.

Schulkinder lernen im Klassenzimmer, selbst die Skisaison ging zunächst weiter. In Schweden verläuft das Leben trotz rasant steigender Corona-Zahlen in weiten Teilen normal.

Während überall in der Welt die Menschen massiven Einschränkungen unterworfen sind, gehen die Schweden einen anderen Weg. Auch in Zeiten der Krise wird so viel Normalität wie möglich aufrechterhalten.

Kitas haben geöffnet, Schulkinder bis zur 9. Klasse haben weiterhin zusammen Unterricht, während Oberstufenschüler und Studenten Fernunterricht haben.

Berufstätige mögen so viel wie möglich im Home-Office arbeiten und keine betagten Angehörigen besuchen, aber all das sind nur gute Ratschläge.

Ebenso wie die Empfehlung, keine unnötigen Reisen zu unternehmen und Menschenansammlungen zu meiden.

Lediglich gegenüber Älteren und Risikogruppen wird angewiesen, dass sie zuhause bleiben sollen.

Ausgangssperren, wie in anderen Ländern, gibt es in Schweden nicht. So dürfen dort auch immer noch im gesamten öffentlichen Bereich 50 Personen aufeinandertreffen.

Es ist ein gänzlich anderer Weg, als ihn die restliche Welt geht, der geprägt ist von dem Appell an Eigenverantwortung, anstelle auf Verbote zu setzen.

Über den Erfolg dieses Wegs, werden in der Zukunft allein nackte Zahlen entscheiden.

Spanien

Einwohner: 46,6 Millionen
Tote: 16.972
Qualität Gesundheitssystem: Das Gesundheitssystem war schon vor der Krise am Limit.

Das amerikanische Medienunternehmen Bloomberg kam in einer Studie aus dem Frühjahr des Jahres 2019 noch zu dem Ergebnis, dass Spanier heutzutage die gesündesten Menschen der Welt sind. Dazu wurden 169 Nationen miteinander verglichen. Als Hauptgrund dafür nennen die Forscher die mediterrane Diät. Beinahe logisch schien da die Konsequenz einer anderen Studie, dass Spanien Japan schon im Jahre 2040 als Land mit der höchsten Lebenserwartung ablösen könnte.

Unabhängig von den genannten Perspektiven, hat Spanien schon jetzt eine der ältesten Bevölkerungen Europas.

Verantwortlich für die vielen Toten dort, ist einerseits deren hohes Alter und anderseits, das nur eingeschränkt leistungsfähige Gesundheitssystem.

Südkorea

Einwohner: 51,4 Millionen
Tote: 217
Qualität Gesundheitssystem: Versorgung auf hohem Niveau.

Eine häufig diskutierte Frage dieser Tage ist, warum Südkorea, trotz der räumlichen Nähe zu China, relativ wenig Infizierte und Tote zu verzeichnen hat. Um das zu beurteilen, müssen mehrere Parameter beachtet werden. So hat das Land bereits im Jahr 2015 Erfahrungen mit einer Pandemie machen müssen, dabei wichtige Erkenntnisse gesammelt, entsprechende Schlüsse gezogen, Konsequenzen eingeleitet und Vorkehrungen getroffen. So mangelt es dem Land nicht an Atemschutzmasken, da diese die Menschen, aufgrund der Schadstoffbelastung der Luft, auch in Zeiten ohne Pandemie häufig tragen, was einer Ansteckung maßgeblich entgegenwirkt. An vielen Gebäuden sind Wärmebildkameras installiert, die Menschen mit erhöhter Temperatur identifizieren können.
Dazu werden in dem Land eine scheinbar unendlich große Zahl von Menschen zur Desinfektion, von allem was möglicherweise das Virus übertragen könnte, eingesetzt.
Das Land ist fortschrittlich und tritt mit innovativen technischen Mitteln der Ausbreitung des Virus entgegen. So existieren landesweit sogenannte Drive-In-Testings, an denen die Menschen im Auto auf eine mögliche Infektion überprüft werden. Das Ergebnis gibt es, sobald verfügbar, aufs Handy.
So gibt es auch die Möglichkeit einer Quarantänekontrolle per App. Menschen, die in regelmäßigem Kontakt mit Infizierten standen, müssen sich zwei Wochen selbst in Quarantäne begeben. Mit einer App wird überwacht, ob diese Selbstisolation eingehalten wird.

USA

Einwohner: 327,2 Millionen
Tote: 20.444
Qualität Gesundheitssystem: Für die Oberschicht sehr gut, ansonsten katastrophal.

Das Gesundheitssystem des reichsten und mächtigsten Landes der Welt spiegelt, die Verhältnisse besser wider als jedes Zahlenwerk. Während die überwiegende Mehrheit der Bevölkerung Gesundheitsleistungen in Anspruch nehmen muss, die dem eines Entwicklungslandes ähneln, kann die Upper-Class aus dem Vollen schöpfen und muss sich, was die medizinische Betreuung angeht, keine Sorgen machen.

Vielfach fehlendes medizinisches Equipment und die anfängliche Ignoranz der drohenden Gefahr, trugen zur schnellen Verbreitung des Virus und den dramatischen Folgen bei.

Präsident Trump daran die alleinige Schuld zu geben ist dabei falsch. Dazu muss man wissen, dass das amerikanische Gesundheitssystem beinahe traditionell schlecht ausgestattet ist und erst durch Barack Obama, reformiert und für jedermann zugänglich gemacht werden sollte.

Als Obama im ersten Jahr seiner Präsidentschaft eine umfassende Gesundheitsreform ankündigte, jubelten Millionen Amerikaner und dachten, dass sie endlich einen Präsidenten hätten, der der gesamten amerikanischen Bevölkerung eine medizinische Grundversorgung sichern würde.

Aber schon zu Obamas Zeiten als Präsident, behandelten Ärzte die sog. Obamacare-Patienten nur ungern. Wenn sich Therapien, Diagnosemethoden oder Verschreibungen vermeiden ließen, wurden sie auch vermieden. Auf Termine bei Spezialisten wartete man Monate. Wenn die so Versicherten dann doch endlich mal einen Termin bekamen und behandelt wurden, mussten sie einen Großteil der Kosten oft trotzdem noch selbst zahlen.

Insofern hat auch Obamas Politik nicht annähernd das gebracht, was sie sollte.

Seit Beginn seiner Inthronisierung, versuchte Trump mehrfach, die aus seiner Sicht ungeliebte Reform seines Vorgängers, gegen eine von ihm vorgestellte zu ersetzen.

Letztlich sind es politische Spielchen, die zeigen, dass Obama bzw. all seine Vorgänger und Trump, dem Gesundheitssystem qualitativ in keinster Weise zuträglich waren bzw. sind.

Schlussendlich wird, bezogen auf die Bevölkerungszahl, die Todesrate prozentual sicher nicht den internationalen Spitzenplatz einnehmen, weil das mittlere Alter der amerikanischen Bevölkerung ca. 8 Jahre geringer ist, als das der meisten anderen westlichen Industriestaaten und somit allein aus diesen Gründen mit prozentual weniger Toten zu rechnen ist.

Afrika (Kontinent)

Einwohner: 1,21 Milliarden

Tote: 324

Qualität Gesundheitssystem: Obschon sich die Situation in den letzten zehn Jahren verbessert hat, ist das dortige Gesundheitssystem qualitativ und quantitativ weit entfernt, von dem der weiter industrialisierten Welt. Selbst das italienische Gesundheitssystem wäre im Vergleich zu den dortigen noch als luxuriös zu bezeichnen.

Beachtenswert, dass hier der gesamte afrikanische Kontinent und nicht nur ein einzelnes Land bewertet wird.

Studien belegen, dass rund 50 Prozent der Menschen in vielen afrikanischen Staaten keinen oder nur unzureichenden Zugang zur Gesundheitsversorgung haben.

In manchen Ländern liegt die Zahl sogar bei rund über 70 Prozent. Nur in einigen wenigen Ländern ist die Gesundheitsversorgung geringfügig besser.

Auch ist der Unterschied im Zugang zu medizinischer Versorgung auf dem Land und in der Stadt teilweise sehr hoch.

In Marokko, hat in der Stadt beispielsweise fast jeder Zugang zu medizinischer Versorgung, auf dem Land sind es weit weniger als die Hälfte der dort Lebenden. Warum auch immer, ist Südafrika das einzige Land, in dem die Gesundheitsversorgung auf dem Land besser ist als in der Stadt.

Allein daran gemessen, müsste das Virus auf dem Kontinent verheerende Folgen haben. Was es aber, mit an Sicherheit grenzender Wahrscheinlichkeit, nicht haben wird, wozu es zwei einfache Erklärungen gibt:

- Das mittlere Alter der gesamten afrikanischen Bevölkerung liegt nahe bei 20 Jahren, was allein signifikant weniger Todesfälle zufolge haben wird
- Die Umweltbelastung ist dort weit geringer, als in den Industrienationen

Klingt simpel, was es auch ist, wie die Zukunft in Form von Zahlen zeigen wird!

Mögliche Strategien zur Eindämmung der Pandemie

Es ist ein Novum, denn nie zuvor waren die Länder der Welt sich so einig! Alle reagieren auf die Gefahren des Virus mit, mehr oder weniger, der gleichen Strategie.
Die ganze Welt? Nein! Ein von unbeugsamen Skandinaviern bevölkertes Land hört nicht auf, dem Eindringling Widerstand zu leisten. So würde die Geschichte wohl beginnen, wenn es um eine Ausgabe eines Asterix-Comics ging.
Wobei diese Aussage auch nur dann Bestand hat, wenn sie auf demokratische Länder bezogen wird, denn neben Schweden gibt es ein weiteres Land der Unbeugsamen. Auch das autokratisch regierte Weißrussland wählt einen anderen Weg. Einen Weg, der nicht empfehlenswert sein kann und vermutlich mehr Menschen den Tod bringen wird, als es vernünftigerweise sein müsste.
Beide Länder weichen von dem scheinbar unvermeidbaren Weg der Staatenmehrheit ab, wobei die Lösungsansätze sich komplett voneinander unterscheiden.
Auf der einen Seite Schweden, die mit großer Gelassenheit, einem sehr gut ausgestattetem Gesundheitssystem und nur wenigen Einschränkungen die Pandemie auf sich zukommen lassen.
Auf der anderen Seite Weißrussland, wo deren Präsident, der die Haltung der restlichen Welt in Bezug auf die Krise als Psychose bezeichnet, mit starker Hand, die Risiken herunterspielt und scheinbar lieber ein paar Menschenleben opfert, anstelle zu riskieren, dass die Wirtschaft des Landes unter Einschränkungen leiden würde.
Auch wenn dieser Tage in den Medien immer wieder zu hören ist, dass der eingeschlagene Weg alternativlos sei, entspricht das nicht den Tatsachen. Denn, von Menschen getroffene Entscheidungen sind niemals alternativlos.
Alternativlos war nur die Frage, zu Beginn der Pandemie, ob Maßnahmen getroffen werden müssen oder eben nicht.

Früher oder später wird der Tag kommen, an dem die Politik, die jetzigen Maßnahmen abändern und auf eine andere Strategie umstellen wird. Das wird einzig und allein aus wirtschaftlichen Interessen geschehen, denn die Wirtschaft kann keinen Shutdown über einen langen Zeitraum verkraften.

Mit großer Wahrscheinlichkeit werden dann die Maßnahmen greifen, wie sie in Schweden seit Ausbruch der Pandemie Anwendung finden und wie sie für jedes Land der Welt, mit stabilem Gesundheitssystem, auch direkt möglich gewesen wären.

Man wird sich die Frage nach dem Warum stellen müssen.

Warum hat man das Leben von Millionen Menschen so eingeschränkt und die Wirtschaft dermaßen abgewürgt, dass es in nicht absehbarer Zeit vielfältigste Auswirkungen auf alle Bereiche des Lebens haben wird? Das besonders vor dem Hintergrund, dass die Maßnahmen letztlich keinen erkennbaren Nutzen zur Folge hatten.

Man hat Zeit gewonnen, zur Herstellung von Masken, Atemschutzgeräten und Intensivbetten. Aber war das nötig?

Das ist ein rein mathematisches Problem und wäre als solches leicht zu berechnen gewesen. Es stehen alle zur Berechnung benötigten Daten, mit Ausnahme der natürlicherweise noch nicht endgültig feststehenden Mortalitätsrate, zweifelsfrei zur Verfügung.

Mit an Sicherheit grenzender Wahrscheinlichkeit wird in dieser Übergangsphase wieder vermehrt von der Alternativlosigkeit die Rede sein.

Wobei alternativlos dann nur sein wird, dass der Politik nichts anderes übrigbleibt, als Ihr bisheriges Vorgehen als für den einzig richtigen Weg zu beschreiben. Was angesichts der Gesamtsituation auf gar nicht allzu großen Widerspruch treffen wird, aber trotzdem nicht der Wahrheit entspricht.

Es war und ist richtig und wichtig, schnell Maßnahmen einzuleiten. Denn es galt, was wirklich alternativlos ist, sich auf die Ausbreitung des Virus vorzubereiten. In der Praxis bedeutet das, dass medizinisch benötigtes Equipment bspw. Beatmungsgeräte, Atemschutzmasken und Intensivbetten inkl. Personal bereitzustellen, aber auch die Maßnahmen so zu gestalten, dass Kliniken nicht überlastet werden.

Dies ist von entscheidender Bedeutung, denn es ist das Ziel der meisten Maßnahmen, einen exponentiellen Anstieg der Infizierten zu verhindern.

Der dafür zu zahlende Preis ist: **Die Zeit**

Jeder sollte sich darüber im Klaren sein, dass die Folge der gewählten Strategie sein wird, dass das Virus sich langsamer ausbreitet und somit das Leben über einen viel längeren Zeitraum eingeschränkt sein wird.

Es muss bedacht werden, dass die Gefahr erst beseitigt ist, wenn ein „Durchseuchungsgrad" der Bevölkerung von ca. 70% erreicht ist, was auf dem einen Weg schneller und auf dem anderen deutlich länger dauert.

Welcher Weg ist also der zielführendste und kann, unter Abwägung aller Möglichkeiten, die meisten Menschenleben retten?

Die vorhandenen Möglichkeiten, werden in den folgenden Absätzen erläutert.

Einschränkung öffentlichen Lebens aller Menschen und Teile der Wirtschaft

Es ist der in der gesamten Welt gewählte Weg.

Bei dieser Strategie werden, wie wir alle spüren, die sozialen Kontakte stark eingeschränkt und das öffentliche Leben kommt weitestgehend zum Stillstand.

Alle Teile der Wirtschaft, die öffentlich stattfinden, wie der Non-Food-Handel, Kinos, Restaurants etc. sind von den Maßnahmen betroffen und müssen den Betrieb komplett einstellen.

Unternehmen ohne Kundenkontakt unterliegen keinen Einschränkungen, wenn sie die geforderten Sicherheitsmaßnahmen einhalten können.

Die Gesamtheit der Bevölkerung ist davon betroffen und es ist das Ziel, die Übertragungswege des Virus zu unterbrechen.

Die primäre Strategie dabei ist, Zeit zu gewinnen, um die medizinische Infrastruktur auf die drohende Gefahr so gut als möglich vorzubereiten.

Diese Strategie ist absurd, denn sie schützt alle Menschen, auch die überwiegende Mehrheit der Menschen, die keinen Schutz benötigen, die keinerlei Krankheitssymptome haben und die auch nicht ernsthaft erkranken können.

Sie missachtet, dass diese Maßnahmen unter keinen Umständen durchgehalten werden können, bis die Gefahr endgültig gebannt ist. Denn, selbst wenn keine Maßnahmen getroffen würden und das Virus sich unkontrolliert verbreiten würde, gehen Wissenschaftler davon aus, dass es bis zu einem halben Jahr dauern würde, bis das Land durchseucht und die größte Gefahr vorbei ist.

Auch kann nicht davon ausgegangen werden, dass in absehbarer Zeit ein Impfstoff zur Verfügung stehen wird.

Es ist die sprichwörtliche Bazooka, die der Staat auf das eigene Land abgefeuert hat.

Wobei das Besondere an dieser Waffe, dass sie Ihre Wirkung verfehlt.

Es muss und wird ein Kurswechsel stattfinden, um die Folgen für die Menschen und die Wirtschaft auf ein erträgliches Maß zu reduzieren. Ein Kurswechsel, der nicht nötig gewesen wäre, hätte man von Beginn auf die richtige Strategie gesetzt.

Es ist eine fatale Strategie, die unser Land gewählt hat, denn es schützt nicht zielgerecht und hat kurz- bis langfristige katastrophale Folgen für die Menschen und die Wirtschaft.

Partielle Einschränkung öffentlichen Lebens und Schutz für Schutzbedürftige

Es ist der schwedische Weg.

Der Weg, der zielführend ausschließlich diejenigen schützt, die schützenswert sind.

Es wird auf die Gefahren des Virus hingewiesen und das öffentliche Leben ist nicht mehr als unbedingt erforderlich beeinträchtigt. Geschäfte und Restaurants haben geöffnet, das öffentliche Leben ist nicht nennenswert eingeschränkt und auch die Wirtschaft wird keinen spürbaren Schaden nehmen.

Warum auch, wenn doch einzig die besonders Gefährdeten, klare Anweisungen haben, sich in häuslicher Umgebung aufzuhalten und das öffentliche Leben zu meiden?

Die Ziele im Kampf gegen das Virus sind dabei dieselben wie anderswo: Die Virusausbreitung soll verlangsamt werden, damit nicht zu viele Menschen gleichzeitig erkranken und die Gesundheitssysteme überfordert werden.

Es muss erwähnt werden, dass die Schweden über ein sehr gutes Gesundheitssystem verfügen, was aber nicht allein für deren Gelassenheit verantwortlich ist. Vielmehr, tritt das Land mit dem eingeschlagenen Weg konsequent den realen Gefahren entgegen.

Es klingt so absurd simpel, dass sich der geneigte Leser an den Kopf fassen muss, aber es wird zielgerichtet geschützt. Im Vergleich zur deutschen Bazooka, eine wesentlich effizientere Waffe und ohne unnötige Kollateralschäden.

Dass die Schweden konsequent bereit sind, einen einmal eingeschlagenen Weg zu verfolgen, beweisen sie u. a. mit der Verweigerung des Euros, welches dem Land sicher nicht weniger Wohlstand oder eine internationale Isolation eingebracht hat, wie es die deutschen Initiatoren des Europäischen Währungsraumes immer wieder postulieren.

Schweden ist, auch aus dieser erweiterten Perspektive, ein Vorbild.

Totale Ausgangssperre und Shutdown der gesamten Wirtschaft

Es ist Weg der Italiener und Spanier. Die Kombination vieler ungünstiger Umstände, wie das hohe Durchschnittsalter der Bevölkerung, ein mangelhaftes Gesundheitssystem etc., veranlassten die Länder zu solch drastischen, aber tatsächlich alternativlosen Maßnahmen. Fürchterliche Zustände in Krankenhäusern und Altenheimen ließen den Regierungen keine Wahl, außer so zu handeln. Angesichts der Tatsache, dass beide Länder sich eben erst von der Finanzkrise des Jahres 2008 halbwegs erholt haben, kann man ermessen, wie ernst die Lage dort ist. Denn man sollte bedenken, dass niemand eine eben erst wieder genesene Wirtschaft, mit all den zu befürchtenden Auswirkungen, grundlos abwürgt. Für Deutschland sind die dort eingeleiteten Maßnahmen absolut unrealistisch, weil die Pandemie, nach allen vorliegenden Erkenntnissen und unter Zugrunde legen aller Parameter, hierzulande keinen derartigen Verlauf nehmen wird.

Totale Passivität

Es ist der weißrussische Weg.

Was zunächst unrealistisch anmutet, wurde anfangs der Krise auch in Deutschland noch in Erwägung gezogen, auch, weil in jeder Influenza-Saison so vorgegangen wird.

Es wird auf die Möglichkeiten einer Übertragung hingewiesen und empfohlen, sich entsprechend zu verhalten, in Form dessen, sich gründlich die Hände zu waschen und etwas mehr Abstand zum Nächsten zu wahren.

Aber, es sind nur Empfehlungen und keine Einschränkungen.

Dieser Weg wurde in Deutschland dann aber richtigerweise verworfen, weil Berechnungen ergaben, dass bei einer ungestörten Verbreitung des Virus, das Gesundheitssystem möglicherweise an die Kapazitätsgrenzen stößt.

Eine schnelle Durchseuchung großer Teile der Bevölkerung und die damit einhergehende Herdenimmunität (eine indirekte Form des Schutzes für die Nicht-Immunen) sind einerseits wünschenswert, aber in Anbetracht der zu erwartenden vielen schweren Krankheitsverläufe, keine erstrebenswerte Maßnahme.

Verfügte ein Land dieser Welt über ein Gesundheitssystem, dass für jeden Risikopatienten stetig medizinische Leistungen sicherstellen kann, wäre dies die beste Alternative. Da dem wohl kaum irgendwo so sein dürfte, entfällt diese Möglichkeit unter normalen Umständen.

Anders ist die Situation in Weißrussland, das als einziges Land der Welt keine Konsequenzen gezogen hat und in dem das Leben in keinster Weise eingeschränkt ist.

Durch die dortigen politischen Verhältnisse und sich daraus ergebenden Möglichkeiten, wird eine solch schwerwiegende Entscheidung einfach getroffen.

Mit unseren Wertvorstellungen, insbesondere unter Berücksichtigung des dortigen nicht sonderlich leistungsfähigen Gesundheitssystems, ist der dortige Weg nicht vereinbar. Allein weil zu viele Menschen einer unnötigen Gefahr ausgesetzt werden.

Rund um die Krise

Kann das Virus auch Gutes bewirken, quasi einen Neustart für Menschen und die Wirtschaft?

Wenigstens in dem Sinn, dass es als Chance genutzt wird, um zu hinterfragen, was in der Nachkrisenzeit anders gemacht werden könnte?

Schön wäre es ja.

Die in diesem Kapitel beschriebenen Randbeobachtungen lassen allerdings Zweifel aufkommen, dass sich nach der Krise irgendetwas wesentlich ändern wird, denn die Handlungsmuster scheinen sich weiter an dem Bewährten zu orientieren und weniger an dem, wie man es besser machen könnte.

Adidas

Adidas ist bekannt und beliebt und hat in der Krise einen schweren Fehler begangen.

Dem Konzern nutzte eine kurzfristig geschaffene Möglichkeit, die es Unternehmen in der Krise erlaubt, Mietzahlungen auszusetzen.

Das ist dem Sportartikelhersteller nun zum Verhängnis geworden: Der Vorstoß kam in den sozialen Medien nicht gut an.

Es folgte, was in der heutigen Zeit immer folgt: Ein gewaltiger Shitstorm und auch Politiker geißelten den Dax-Konzern als unsolidarisch.

Viele hatten scheinbar das Bild des armen Vermieters vor Augen, der nun vom milliardenschweren Unternehmen die Miete nicht mehr bezahlt bekommt.

Dem ist aber nicht so, was es aber nicht unbedingt besser macht. Denn, auch wenn die Entscheidung größtenteils milliardenschwere Immobilienfonds, Versicherer und die Betreiber von Einkaufszentren betrifft, so haben auch diese ein Recht (aktuell zumindest moralisch) auf vertraglich fixierte Zahlungen.

Es ging in der Berichterstattung unter, dass Privatvermieter von dieser Maßnahme explizit ausgenommen waren.

Ebenso fand in den Medien keine Beachtung, dass zeitgleich andere Unternehmen wie Puma, Deichmann, Media Markt und Saturn oder auch H&M genauso vorgingen wie Adidas.

In Zeiten, in denen nur noch Headlines gelesen werden, geht sowas schon mal unter.

Insgesamt eine unsinnige und wenig durchdachte Aktion des Konzerns, denn in Deutschland geht es nur um 26 Ladenlokale. Was für einen Konzern mit einem Umsatz von 22 Milliarden Euro verkraftbar sein sollte.

Außerdem, und das ist das eigentlich Erschreckende, wird dadurch deutlich, dass für das Unternehmen weiterhin „business as usual" gilt und jegliche sich bietende Lücke ausgenutzt wird, um einen Cent zu sparen bzw. keinen Cent mehr auszugeben als unbedingt nötig.

Tage später, als der Imageschaden im Unternehmen erkannt wurde, entschuldigte sich der Konzern öffentlich und bestätigte, alle Mieten nun doch bezahlen zu wollen oder bereits bezahlt zu haben. Mit ein wenig Naivität könnte man denken, dass diese Entscheidung aus Einsicht getroffen wurde. Realistisch betrachtet, ist es nur der Versuch einen noch größeren Schaden vom Unternehmen abzuwenden.

Kurz vor Drucklegung dieses Buches, bittet Adidas um 2,4 Milliarden Staatshilfe. Knapp vier Wochen nach Beginn des Shutdowns, eine schier unvorstellbare Summe.

Da tönte deren Vorstandsvorsitzende Rorsted noch vor kurzem, dass 2020 das beste Jahr der Geschichte werden könnte und nun das. Wie konnte es dazu kommen, dass ein florierendes Unternehmen so schnell in Schieflage gerät?

Es gibt eine ganz einfache Erklärung: Set dem Amtsantritt des Herrn Rorsted, hat das Unternehmen riesige Summen an die Aktionäre ausgeschüttet und viele Milliarden in ein Aktienrückkaufprogramm gesteckt. Was tut man nicht alles, um die Anteilseigner zu beglücken, zur Kurspflege und fürs eigene Portemonnaie? Da tröstet es, dass die Vorstände des Unternehmens, für 2020 auf ihr Boni verzichten....

America First?

Der Slogan, der gemeinhin dem amerikanischen Präsidenten Trump zugeordnet wird und der aus heutiger Sicht signalisieren soll, dass aus seiner Sicht, die amerikanischen Interessen immer Vorrang haben, hat seine Ursprünge im Jahr 1915. In den Folgejahren, bis zur heutigen Zeit, wurde er von verschiedensten Funktionsträgern immer wieder und zu diversen Zwecken gebraucht, was aber an dieser Stelle keine weitere Bedeutung finden soll.

Groß war der Aufschrei in der westlichen Welt, nachdem Donald Trump zum 45ten Präsidenten der Vereinigten Staaten gewählt wurde.

Mit seiner Wahl wurde der Welt eine unsichere Zukunft vorhergesagt, wobei bei nüchterner Betrachtung festgestellt werden muss, dass derartiges nicht eingetreten ist.

Hinter seiner Interpretation des Slogans verbirgt sich die Einstellung, dass er sich zuerst um die USA kümmern möchte und erst dann um den Rest der Welt. Dass er es ernst meint mit dem Versprechen, wurde in der jetzigen Krise ersichtlich, als er versucht hat, die Firma, die vermeintlich führend in der Forschung nach einem Impfstoff ist, schlichtweg zu kaufen und in die USA überzusiedeln.

Sozial gegenüber der gesamten Menschheit ist das nicht. Aber das wollte er auch nie sein. Er hält konsequent sein Wahlversprechen und versucht sich primär für die Menschen einzusetzen, die ihn gewählt haben. Nicht mehr und nicht weniger.

Natürlich kann und darf man nicht jedes Wort oder eher weniger Wörter ernst nehmen, die er medienwirksam äußert. Aber die Welt ist wegen ihm nicht in Schieflage geraten, wie es doch allseits prophezeit wurde.

Natürlich ist es ein Problem, wenn der Präsident des noch mächtigsten Landes der Welt gern Entscheidungen trifft, die unüberlegt und nur mit seinem Ego abgestimmt sind.

Natürlich wäre ein anderer Präsident wünschenswert. Bei nüchterner Betrachtung aber, kann man feststellen, dass Trump die Wahl gewonnen hat, weil die Menschen keinen Präsidenten mehr wollten, der smart ist und letztendlich auch seine eigene Agenda verfolgt und keinen Kurswechsel einleitet bzw. die Mehrheit der Bevölkerung ignoriert.

Wir Europäer, die keine Chance auslassen, Trumps Verhalten immer wieder scharf zu kritisieren, verhalten uns, letztlich auch nicht besser. Auch die deutsche Politik kümmert sich um weite Teile der Bevölkerung nur nachrangig, was an den Verlusten der großen Parteien abzulesen ist.

Dass der Aufschwung der Grünen und der AFD andere Gründe als Frustration bei der breiten deutschen Mittelschicht hat, glauben auch nur Wahlforscher.

Glauben Sie nicht, dann fragen Sie mal Ihren Nachbarn!

Bundeswehr

Obwohl der Tathergang, mangels nicht kommunizierter Informationen, nicht zweifelsfrei rekonstruiert werden kann und somit die Rolle der Bundeswehr unklar ist, passt es doch gut ins Bild der immer wieder diskutierten Einsatzbereitschaft, was sich in Kenia abgespielt hat.

Während die Bevölkerung scheinbar auf der Jagd nach Toilettenpapier ist, wurden der Bundeswehr sechs Millionen, von Ärzten und Kliniken im Kampf gegen die Ausbreitung des Virus, dringend benötigte Atemschutzmasken in Kenia „entwendet".

Die Nachrichtenagentur dpa sprach von einer, nicht näher beschriebenen, „Panne".

Eine Sprecherin des Verteidigungsministeriums bestätigte den Verlust und sprach ebenfalls von einer „schweren Panne" und davon, dass die bestellten Masken „verloren gegangen" sein. Selbstverständlich bemühe man sich um Aufklärung.

Dem Bund sei "kein Schaden entstanden, weil die Masken noch nicht geliefert und noch nicht bezahlt wurden", betonte sie.

Das bedeutet im Klartext, es wurden sechs Millionen Masken gestohlen, die uns gar nicht gehört haben. Wären die Masken möglichweise nicht lebensrettend und würden sie nicht dringendst gebraucht, könnte man sagen: Das wir nochmal mit einem blauen Auge davongekommen sind.

So aber, wird nur wieder die Blickrichtung deutlich, der sich wirtschaftlichen Interessen zuwendet.

Dietmar Hopp und der Fußball

Angesichts der Tragik verbietet es sich von der Ironie des Schicksals zu reden, aber im Grunde trifft es das Thema dieses Kapitels am besten.

Dazu muss man wissen, dass wenige Tage vor Ausbruch der Krise, das alles beherrschende Thema in den Medien, die unsäglichen, absurden und deutschlandweiten Aktionen in allen Fußballstadien gegen Herrn Hopp waren. In allen Stadien waren Schmähungen gegen ihn, mehr oder weniger unter der Gürtellinie bzw. der Menschenwürde zu sehen, die zu einigen Spielunterbrechungen führten. Zivilisierte Menschen schüttelten, angesichts dieser Bilder und der Tatenlosigkeit aller Verantwortlichen, verständnislos den Kopf.

Lediglich die Verantwortlichen von Borussia Mönchengladbach und Schalke 04 zeigten eine konsequente Haltung und mahnten ihre Fans, dass sie die eigene Mannschaft, bei weiteren Geschmacklosigkeiten gegen Herrn Hopp, vom Feld nehmen würden und das Spiel, ohne Rücksicht auf jedwede Konsequenzen, abbrechen würden.

Warum aber bleiben bei derart menschenunwürdigen Aktionen gegen einen so honorigen Mann jegliche Konsequenzen aus? Die Identifizierung der Täter ist in der heutigen Zeit kein Problem, wie bei der kleinsten Verfehlung ansonsten in allen Stadien zu sehen ist. Es rücken Ordner bzw. Polizei an und die Störenfriede werden entfernt.

Warum lassen die Handelnden ihren Ankündigungen keine Taten folgen?

Die Erklärung ist einfacher Natur, denn die Vereine meinen in einer großen Abhängigkeit zu ihren sogenannten Ultras zu stehen, unterstützen sie gar finanziell, denn sind sie Teil der „Show". Sie scheinen unverzichtbar, denn sie sind für die mittlerweile in fast allen Stadien der Liga vorherrschende monotone Stimmung zuständig. Es ist eine gekaufte Stimmung. Sie grölen und trommeln. Egal bei welchem Spielstand und egal, wie schwach oder spannungsgeladen ein Spiel verläuft. Ohne Sie würde ein Fußballspiel, stimmungstechnisch einem Besuch in der Oper gleichen und das scheint beim Fußball undenkbar. So jedenfalls die vorherrschende Meinung.

Die finanziellen Verknüpfungen zwischen den Ultras dieser Zeit und den Vereinen sind Teil eines stillschweigenden Paktes, den öffentlich niemals jemand ansprechen wird. Dass das so ist, wird vielleicht anhand manch spektakulärer Choreografie deutlich, wie sie die Fans von Borussia Dortmund, dem Ausgangspunkt der Problematik, mehrfach inszeniert haben. Deren, gelegentlich voll mit Stoff verdeckte Tribüne, hat geschätzte Abmessungen von 40 mal 70 Metern, was einer Fläche von 2800qm entspricht. Es erscheint naiv, zu glauben, dass diese Menge an Stoff, die auch bei billigster Qualität ein paar tausend Euro kosten dürfte, erstens von den Ultras selbst finanziert wurde und zweitens bei einem entspannten Grillabend im Clubhaus mal eben zusammengenäht wurde.

Da wirkt es heuchlerisch, wenn manch Cluboberer, teils gar im Regen stehend, von einer Schande spricht und gelobt alles dafür zu tun, dass sich solche Szenen in Zukunft nicht wiederholen dürften, gleichzeitig aber die Würde eines Menschen aus Sorge um das Geschäftsmodell opfert.

Nun, ein paar Wochen weiter, hoffen viele Menschen, dass das deutsche Unternehmen CureVac einen Impfstoff gegen das Corona-Virus entwickelt.

Ein Unternehmen, das zu 80 Prozent dem so geschmähten Herrn Hopp gehört.

Einem Mann, der großzügig große Summen seines Vermögens in die Forschung steckt, der Universitäten unterstützt, mit viel Augenmaß und Vernunft tragfähige Strukturen für vielfältigste Sportarten in den höchsten Sportligen geschaffen hat und dabei weder das Maß noch das Allgemeinwohl aus den Augen verloren hat.

Einem Menschen, der dieser Gesellschaft viel gegeben hat und viel Gutes tut.

Dass er das amerikanische Kaufinteresse an CureVac abgelehnt hat, weil er die Meinung vertritt, ein Impfstoff sollte der gesamten Menschheit und nicht primär dem amerikanischen Volk zur Verfügung stehen, beweist einmal mehr seinen Charakter.

Es ist eben doch eine Ironie des Schicksals, dass der Fußball, der nun gänzlich ohne Einnahmen, aber mit irrational hohen Ausgaben dasteht und Angst vor dem finanziellen Kollaps hat, jetzt die Hoffnungen auf das Unternehmen des Mannes setzen muss, den sie vorher nicht bereit waren konsequent bzw. überhaupt zu schützen.

Erntehelfer

In der gegenwärtigen Situation sicher nur ein Randthema, aber eben doch bemerkenswert. Denn auch 2020 jammern die Landwirte, wie sie es in jedem Jahr tun.

Gewöhnlich tun sie dies, weil es zu viel oder zu wenig regnet oder weil es zu warm oder zu kalt ist. Gefühlt gibt es immer irgendetwas, was der Ernte schadet. In diesem Jahr tritt ein neues und durchaus ernstzunehmendes Problem auf: die Erntehelfer dürfen nicht einreisen.

Es geschieht das, was immer passiert und in dieser Situation wohl wirklich unausweichlich erscheint: ein Rettungsruf an die Politik.

Nur kann diesem Problem nicht mit den üblichen finanziellen Hilfen begegnet werden. Dumm, dass Geld allein nicht hilft, weil Obst und Früchte, die wir Menschen nun mal benötigen, tatsächlich auch im Jahre 2020 immer noch von Menschen geerntet werden müssen. Beinahe unglaublich, dass es noch keine App gibt, die Spargel stechen kann oder die Äpfel vom Baum pflückt, wo doch scheinbar alles in unserem Leben mittlerweile mit dem Handy machbar ist und alles so unglaublich smart sein muss.

Wie aber könnte die Hilfe dieses Mal aussehen? Im ersten Reflex wird seitens der Politik darüber nachgedacht, mit welcher rechtlichen Grundlage man Erntehelfer aus dem Ostblock ins Land holen könnte, wo doch sonst nur Ärzte und andere besonders systemrelevante immer noch Reisefreiheit genießen.

Mangelnde Kreativität ist ein grundsätzliches Problem der Politik. Alle sich stellenden Fragen, werden versucht mit den bekannten Mitteln und auf Wegen der Vergangenheit zu beantworten.

Dabei wäre es finanziell und psychologisch sinnvoll, wenn in dieser Not, all denen, die momentan nur von dem wenigen Kurzarbeitergeld oder gar noch weniger, leben müssen, diese Arbeit angeboten würde.

Die monetäre Differenz, die die Landwirte ihren osteuropäischen Helfern gewöhnlich zahlen, zu einem festzulegenden Lohn, in der Nähe des Mindestlohnes, könnte der Staat übernehmen.

So würde Menschen direkt und indirekt geholfen und eine CO_2-neutralere Ernte als gewohnt eingefahren werden, müsste man doch erstmalig nicht unendlich viele Menschen quer durch Europa anreisen lassen.

Greta Tunberg, deren Anliegen „Dank dieser Krise" stark an Bedeutung verloren hat, würde sich sicher freuen.

Letztlich aber entschied die Politik, dass Erntehelfer systemrelevant sind und gestattete die Einreise von bis zu 80.000 Menschen aus Rumänien, per Flugzeug.

Geeintes Europa?

Europäische Solidarität? Von wegen! Bei Corona ist sich fast jede Regierung selbst die nächste!

Besonders von deutscher Seite ist sonst immer wieder zu hören und lesen, wie wichtig die europäische Einheit, die Solidarität untereinander und der Zusammenhalt sowie die gegenseitige Hilfe ist.

In Krisenzeiten wie diesen, zeigt sich, was diese Schwüre im Notfall letztlich zählen.

Schon zu Beginn der Krise verhängte Deutschland ein Exportstopp für die so dringend benötigten Atemschutzmasken. Ein erstes Ausrufezeichen, was die europäische Solidarität im Ernstfall wert ist.

Als dann das vom Virus hart getroffene Italien den Europäischen Zivil- und Katastrophenschutz kontaktierte und materielle Unterstützung bei der Bewältigung der Krise eingefordert hatte, weil deren Gesundheitssystem zu kollabieren drohte und um Lieferung von Gesichtsmasken und Beatmungsgeräte bat, reagierte kein einziges EU-Land!

Für den Beweis europäischer Solidarität ist das ein schlechtes Zeichen. Es beweist vielmehr, dass die Solidarität primär wirtschaftlichen Interessen folgt und ansonsten kühl missachtet wird.

Fast peinlich ist es, dass es ausgerechnet der erklärte geostrategische Gegner China war, welcher Italien kurzfristig 2 Millionen Masken und 1000 Beatmungsgeräte zur Verfügung stellte.

Da verwundert es nicht, dass trotz erschütternder Bilder aus Italien, die Menschen in katastrophalen Notsituationen und restlos überfüllten Intensivstationen zeigten, die Intensivbetten in den anderen Mitgliedsländern größtenteils unbelegt waren. Man bereitet sich halt auf Zeiten der Knappheit vor, was mehr oder weniger beweist, dass in der Politik die gleichen Mechanismen greifen wie bei den Bürgern. Wobei die allerdings den vermeintlich schlechten Zeiten, mit dem unsinnigen Kauf von Toilettenpapier begegnen wollen.

Beinahe zeitgleich, erfährt man aus den Medien, von renommierten und führenden Gesundheitswissenschaftlern, dass es in Deutschland bis zu 28.000 Intensivbetten gibt, was im Vergleich zu Italien, bezogen auf 1.000 Einwohner, zweieinhalbmal so viele sind und damit Zustände wie sie in italienischen Krankenhäusern herrschen, im Grunde ausgeschlossen sind.

Der Vollständigkeit halber muss es Erwähnung finden, dass im Verlauf der Krise letztlich doch einige wenige Menschen aus Italien nach Deutschland ausgeflogen wurden, um so das Gefühl minimalster Solidarität innerhalb der europäischen Union zu erzeugt. Vorangegangen waren dem, Berichterstattungen einiger Medien, die über die katastrophale Notlage italienischer Krankenhäuser berichteten.

Darauf trat zuerst der Bundespräsident und in der Folge auch die Verteidigungsministerin, mit einem drastischen Aufruf „Der Corona-Nationalismus mancher Regierungen ist erschreckend" an die Öffentlichkeit und verkündete die dann folgenden Maßnahmen.

Es gilt unter moralischen und ethischen Gesichtspunkten zu bewerten, ob es verwerflich ist, wenn ein Land primär an sich denkt.

Eine weitere zentrale Frage ist die, wie nach dem Ende der Krise mit den entstandenen wirtschaftlichen Schäden umzugehen ist. Die Verschuldung der europäischen Länder wird nach der Krise unweigerlich viel höher sein. Eben Deutschland sollte sich an das Londoner Schuldenabkommen von 1953 erinnern. Darin wurde Deutschland nach dem Zweiten Weltkrieg ein großer Teil seiner Schulden erlassen. Um der deutschen Wirtschaft wieder auf die Beine zu helfen, verzichteten viele Länder auf Geld, weil deren Forderungen halbiert wurden. Das war solidarisch und sozial, zumal die Schulden denen erlassen wurden, die der Welt weit mehr als nur wirtschaftlich geschadet haben.

Solidarität ist keine Einbahnstraße. In keiner Situation des Lebens. Weder im Alltag, noch in der Politik.

Es stellt sich die Frage, warum die Bundesregierung die immer gern moralisch argumentiert, dies jetzt nicht tut. Denn, die Regierungen von Italien und Spanien reagierten zu Beginn der Seuche nicht sorgloser als andere Staaten.

Auch war es Deutschland, dass in der Flüchtlingskrise im Jahr 2015, ständig die verschiedensten Länder daran erinnerte, dass sie eine moralische Verpflichtung haben und einen Teil der Flüchtlinge aufnehmen sollten. Auch sprachen damals der Bundespräsident und Außenminister davon, dass die italienische Schließung der Häfen für Bootsflüchtlinge unmoralisch sei.

Es ist halt herrlich einfach, europäische Solidarität einzufordern, wenn man selbst nicht betroffen ist.

Nehme man es mit den Worten ernst, verlangte eine europäische Herausforderung eine gesamteuropäische Antwort.

Würde man es machen, wie man es unter Freunden macht, dann bräuchten keine Corona-Bonds aufgelegt werden, dann würde man dem Leidenden direkt helfen. Es ist nicht ersichtlich, warum die Bundesregierung ihre Solidarität nicht mit einem Scheck auf direktem Wege bekundet.

Oder man sieht die europäische Solidarität mal wie sie wirklich ist: der wohlhabende Westen steigert seinen Wohlstand aufgrund der billigen Arbeit aus dem Osten.

Glauben Sie nicht? Dann werfen Sie mal einen Blick auf die Erntehelfer, blicken in einen LKW oder in einen der weißen Sprinter, die ihnen die Pakete liefern.

Wenn Sie unter denen noch einen Westeuropäer finden, Glückwunsch!

Föderalismus – Fluch und Segen oder nur Fluch?

Über den deutschen Föderalismus wird gern und viel gemeckert: Kleinstaaterei, föderaler Wirrwarr, abschaffen! Auch angesichts der Ausbreitung des Virus fühlen sich Kritiker wieder bestätigt: Wieso gibt es keine zentral gesteuerten Notfallpläne, wieso schweigt die Kanzlerin so lange? Um dann neidvoll nach Italien zu blicken, wo Ministerpräsident Conte als oberster Krisenmanager das Land flächendeckend unter Quarantäne gestellt hat.

Der Bundesgesundheitsminister empfiehlt, er fordert auf und er koordiniert, aber er kann selbst nichts entscheiden. Weder bundesweit, noch sonst wo.

Auch die Bundesbildungsministerin kann sich nur mit den Ministerpräsidenten der Bundesländer beraten und ihre Einschätzung äußern. Aber entscheiden, ob es bundesweite Schulschließungen gibt oder wie mit dem Abitur in diesem Jahr umzugehen ist, das kann sie nicht. Für diese Entscheidungen sind die Bundesländer und Kommunen zuständig. So ist das in unserem föderalen Staat nun mal.

Obschon der Bund die Grundregeln des Handelns, z. B. im Infektionsschutzgesetz, erlassen hat und diese auch bundeseinheitlich geregelt sind, sind für die Umsetzung die Länder zuständig. Der Gedanke, der sich dahinter verbirgt, ist der, dass man regional oft besser einschätzen kann, was angemessen ist. Die Situation kann in einem Bundesland anders sein als in einem anderen. So kann regional angepasst entschieden werden, was auch richtig ist.

Allein, muss es dafür nicht 17 Länder geben, die individuell entscheiden können, ob, wann und wie sie was umsetzen. Dies könnte besser zentral entschieden werden, nachdem die zur Entscheidung benötigten Informationen aus den Ländern vorliegen.

Deutlich wird dieses Dilemma auch an der Fußball-Bundesliga, die verzweifelt versucht, ihre Mannschaften fit zu halten und Training in Kleingruppen durchzuführen, was in dem einen Bundesland erlaubt und im anderen verboten ist.

Es ist ein Wirrwarr, der, weil er im Grundgesetzt steht, für immer und ewig Bestand haben wird und letztlich den Bürgern nur Unentschlossenheit vermittelt. So muss sich niemand wundern, dass die Ausgangsbeschränkungen von manchen Menschen anders gelebt werden, als sie angeordnet wurden, wenn nicht mal im Land Einigkeit besteht, wie damit umzugehen ist.

Da macht es auch nichts aus, dass die Kanzlerin so lange schweigt und sich dann mit warmen Worten ans Volk wendet, denn, entscheiden kann sie eh nichts.

Auch wenn es nicht dem medialen Zeitgeist entspricht: Bürger verlangen in einer solchen Situation nach einer klaren Ansprache, nach einer starken Hand, die Zuversicht vermittelt und Wege aus der Krise aufzeigt.

Eben halt nach einer Person, die der Rolle eines Regierungsoberhauptes gerecht wird.

Helikoptergeld

Geld fällt nicht vom Himmel – Noch nicht?
Die massiven Folgen der gegenwärtigen Krise gefährden das Wirtschaftswachstum und die finanzielle Lage von Unternehmen und Privathaushalten weltweit. Um diese Auswirkungen abzufedern, kündigten Regierungen Konjunkturpakete an und Zentralbanken lockerten in den vergangenen Wochen ihre Geldpolitik noch einmal deutlich, was für die Bürger uninteressant ist, weil nur Unternehmen profitieren.

Doch neben herkömmlichen geldpolitischen Maßnahmen, rückte ein Konzept in den Mittelpunkt, das seit jeher für Diskussionen sorgt: Helikoptergeld.

Aber was ist Helikoptergeld?

In jedem Wirtschaftsraum besteht ein Zusammenhang zwischen der verfügbaren Menge an Geld und dem Wirtschaftswachstum in ihm. Diesem Gedanken folgend, soll das Geldangebot ausgeweitet werden, wenn sich die Wirtschaft in einem Abschwung befindet und kaum noch auf Leitzinsänderungen reagiert bzw. wenn Leitzinsänderungen nicht mehr sinnvoll sind, weil der Zins sich bereits im Bereich nahe Null befindet.

Um dieses Prinzip anschaulich zu erklären, bediente sich der Ökonom und Nobelpreisträger Milton Friedman 1969 des Bildes eines Hubschraubers, der Geld abwirft und damit den Konsum anregt.

Diesem Bildnis entsprechend, bekäme jeder Bürger direkt einen Betrag auf das Konto überwiesen. Das erscheint sinnvoll, da der Konsum das Wirtschaftswachstum stark antreibt.

Unter rein wirtschaftlichen Aspekten betrachtet, kamen im Jahre 2016 die Ökonomen der Deutschen Bank in einer Studie zu dem Ergebnis, dass Helikoptergeld deutlich wirksamer sei, als die traditionellen Mittel der Geld- und Fiskalpolitik.

Im Zuge der aktuellen Krise haben sich bereits einige Länder (China, Hongkong und Singapur) dieser Möglichkeit bedient.

In vielen weiteren Ländern der Welt wird diese Möglichkeit ebenfalls ernsthaft diskutiert und in Erwägung gezogen. Eines ist klar: Die Menschen und die Wirtschaft können im Angesicht der gegenwärtigen Krise jede Hilfe gebrauchen, die sie bekommen können. Da außergewöhnliche Zeiten eben manchmal auch außergewöhnliche Maßnahmen erfordern, wäre es nun an der Zeit.

Eine alternative Idee hatte Japan vor etwas mehr als 20 Jahren, die Konsumschecks an die Bevölkerung verteilten, die nach sechs Monaten abliefen. Also eine Art Schwundgeld, das man ausgeben musste oder es sonst verlor. Auch das wäre eine denkbare Möglichkeit, aber vor allem ein wichtiges Zeichen an die Menschen, ließen sich auf diesem Weg viele Dinge, wie vielleicht auch Laptops, Tablets oder Bücher erwerben, die die Folgen einer so langen sozialen Isolation abmildern könnten.

Einzig die Frage, wer das Geld oder die Zuwendungen denn erhalten soll, ist bisher nicht diskutiert. Hier böten sich alle Personen und ihre Angehörigen an, die in Deutschland Einkünfte aus nichtselbständiger Arbeit beziehen. So würde auf diesem Wege ein Gleichgewicht zwischen den Unterstützungen für Unternehmen, Selbständigen auf der einen Seite und Arbeitnehmern auf der anderen Seite hergestellt.

Aber allein schon die Frage nach der Sinnhaftigkeit von Helikoptergeld, die immer wieder gestellt und diskutiert wird, beweist die einzige Blickrichtung der Politik. Denn, ob es wirtschaftlich sinnvoll ist, ist die eine Frage, die andere Frage ist aber, ob es für die Menschen ein Zeichen der Zuversicht in einer schwierigen Zeit wäre. Denn das ist es gewiss.

Olympische Spiele

Mit Staunen und Verwunderung konnte man inmitten der Krise beobachten, wie sich weltweit kaum ein Funktionär irgendeiner Sportart so gegen die Absage bzw. gegen die Verschiebung eines vom ihm organisierten sportlichen Ereignisses gewehrt hat, wie es der deutsche Präsident des IOC, Thomas Bach, gegen die federführend vom ihm veranstalteten Olympischen Spiele, getan hat.

Ungeachtet dessen, dass sich viele Athleten überhaupt nicht oder nur unter indiskutablen Bedingungen, auf die Olympischen Spiele hätten vorbereiten können, eine groteske Haltung.

Selbst das wichtige Sportveranstaltungen, wie nationale Meisterschaften, bei denen sich Athleten noch für Olympia qualifizieren konnten, die im Frühsommer und damit vor den Olympischen Spielen stattfinden sollten, bereits abgesagt waren, änderten nichts an seiner Haltung.

Erst als der Druck auf ihn und das Internationale Olympische Komitee immer weiter zunahm, weil nach den ersten Athleten, auch sportliche Schwergewichte, wie das US-amerikanische, das kanadische und das britische Olympia Komitee drohten, den Spielen fernzubleiben, wurde ihm klar, dass Olympia 2020 nicht stattfinden kann.

Vielleicht wurde ihm dadurch aber einfach auch nur klar, dass es sportlich wertlos und damit nicht lukrativ ist, wenn entscheidende Weltstars seiner Veranstaltung fernbleiben.

Der Chef des Deutschen Olympischen Sportbundes, Alfons Hörmann, sprach davon, dass es für Herrn Bach „die schwierigste Aufgabe seines Lebens" sei und „dass die aktuelle Situation im Grunde keine Entscheidung zulässt, die von allen Seiten gut akzeptiert und positiv bewertet wird". Eine absurde Aussage, schließlich hätte Herr Bach, ebenso wie alle anderen Funktionäre dieser Welt, rechtzeitig reagieren und damit Schaden von den Spielen und seiner Person nehmen können.

Man sollte nicht außer Acht lassen, dass es einen entscheidenden Unterschied zwischen den Olympischen Spielen und den großen anderen Sportereignissen und Sportligen dieser Welt gibt: Bei den Olympischen Spiele treten wenige Weltstars, die finanziell unabhängig sind, an. Die überwiegende Mehrheit der Athleten ist in dem Sinne erpressbar, als dass sie das Event als sportlichen Höhepunkt verstehen, es aber eben auch eine existenzielle Bedeutung hat. Denn ein Kanufahrer oder ein Hammerwerfer verfügt nicht über das Einkommen eines Usain Bolt und ist auf einen solchen Großwettkampf, mit der entsprechenden weltweiten medialen Präsenz und den sich daraus ergebenden Vermarktungsmöglichkeiten, angewiesen.

Das wird im besonderen Maße auch daran deutlich, dass die amerikanischen Ligen, wie Basketball, Eishockey oder Football, die zweifellos die kommerziellsten Ligen der Welt sind, den Spielbetrieb direkt einstellten, nachdem sie die drohende Gefahr erkannt hatten, während Herr Bach versuchte, sein Millionen schweres Baby künstlich am Leben zu halten.

SPD

Schon 1890 legte die heutige „Sozialdemokratische Partei Deutschlands" einen Teil ihres Namens ab. Aus der „Sozialdemokratischen Arbeiterpartei" (SDAP), wurde die heutige SPD. Gegründet als Klassenpartei der Arbeiterschaft, hatte sie in diesem Umfeld ihre gesellschaftliche Basis.

Eine politische Macht wurde sie erst, nachdem sie ihre Anhänger aus der Arbeiterschaft umfassend integrierte und sich so eine klar abgegrenzte Identität schuf.

Die Treue der Mitglieder und Wähler war groß, auch noch in der Zeit, als sich die wirtschaftlichen Strukturen änderten. Der damalige Arbeiter mutierte zum heutigen Angestellten. Die Klientel blieb gleich, doch die Partei verschlief den Wandel und hatte keine Konzepte, für die sich ändernde Zeit. Der endgültige politische Niedergang wurde eingeleitet und gewann an Dynamik unter der Schröder-Regierung, als Entscheidungen getroffen wurden, die die klassischen SPD-Wähler ins Mark trafen.

Nicht wenige sprachen damals vom Verrat am eigenen Wähler. Es schien, als hätte man 1890 das Wort „Arbeiter" aus dem Namen gestrichen und nun auch das Interesse verloren, Politik in deren Sinne zu machen.

In der aktuellen Situation gibt es Millionen Menschen, die in Zeiten normaler Beschäftigung ohnehin kein großes Einkommen beziehen, wie Verkäufer, Floristen etc. oder auch „kleine" Angestellte, die jetzt zu Millionen vom Kurzarbeitergeld leben müssen (60% oder 67% von wenig, ist dann wirklich wenig). An Taxifahrer, die durch Maßnahmen im Grunde ein Berufsverbot auferlegt bekommen haben, denkt niemand. Allein gelassen fühlen sich auch die unendlich vielen Menschen in 450 Euro Jobs, die vielleicht ihre Rente aufbessern oder aus anderen Gründen dazuverdienen müssen. All diese Menschen sind unverschuldet in große Nöte geraten.

Das sind Menschen, denen könnte, angesichts der Milliarden (wahrscheinlich genügen Milliarden am Ende nicht) für die Wirtschaft, mit vergleichsweise wenig Geld geholfen werden. Unabhängig vom finanziellen Aspekt, sind das Menschen, die sich vergessen vorkommen, die existenzielle Sorgen haben und nicht wissen wie es weiter geht.

Da es sich verbietet in Krisenzeiten seine oppositionelle Rolle wahrzunehmen, ist keine Hilfe für all diese Menschen zu erwarten.

Dabei hätte die SPD in der Krise die einmalige Chance gehabt, sich für all diese Menschen einzusetzen und sie zurückzugewinnen. In diesen schweren Stunden würden es die Menschen nie vergessen, wer sich für sie eingesetzt und sie nicht vergessen hat.

Beinahe so, wie es früher, speziell in von Arbeitern geprägten Regionen, schon einmal war. Dazu wäre es auch die Chance gewesen, das so verzweifelt gesuchte Profil wiederzufinden.

Allein, es gibt in der Partei keine Köpfe, die fähig und willens sind, Chancen zu erkennen, zu ergreifen und einen Kurswechsel herbeizuführen.

In Kombination mit der Altersstruktur der Wählerschaft, scheint der weitere Abstieg der Partei allein aus biologischer Sicht unaufhaltsam zu sein.

Auswirkungen

Die Menschheit und die Wirtschaft stecken in einer tiefen Krise, und zwar in der tiefsten, die es jemals ohne Kriegseinwirkungen gab. Nichtdestotrotz gilt es den Blick nach vorn zu richten und Auswirkungen auf verschiedene Bereiche des Lebens aufzuzeigen.

In diesem Kapitel werden verschiedene Szenarien behandelt, die mit hoher Wahrscheinlich kurz- und mittelfristig infolge der Krise eintreten werden. Verbunden damit ist auch die Hoffnung, dass die Politik manch Weichen in die richtige Richtung stellt und so ein sozialeres Miteinander ermöglicht.

Digitalisierung

Sie ist in aller Munde und kaum ein Tag vergeht, ohne dass irgendwo über die Wichtigkeit der Digitalisierung gesprochen wird. Aber was verbirgt sich eigentlich dahinter?

Die vermutlich einfachste und zutreffendste Definition von Digitalisierung besagt, dass analoge Inhalte oder Prozesse in eine digitale Form oder Arbeitsweise umgewandelt werden. Im Prinzip, analoge Verhaltens- und Arbeitsweisen in das heutige digitale Zeitalter zu transferieren.

Es gibt im Wesentlichen vier nennenswerte Bereiche des Lebens, die betroffen sind. Der private Bereich, die Wirtschaft, das Bildungswesen und Bundesbehörden.

Mit Ausnahme vom privaten Bereich, haben die drei anderen Bereiche ein grundsätzliches Problem mit Bereich der IT-Infrastruktur. Es eint zwar alle, dass sie umfangreiche Szenarien zur Krisenabwehr getroffen haben, jedoch haben nahezu alle dabei den wichtigsten Faktor außer Acht gelassen: Den Menschen und seine Arbeitskraft.

Es existieren Notfallpläne, wie im Krisenfall die Sicherheit der Daten und die Arbeitsfähigkeit der Unternehmen und Behörden sichergestellt werden kann. All diese Maßnahmen berücksichtigen aber nicht die jetzt gestellten Anforderungen. Rechenzentren und jedwede mit der IT zusammenhängenden Strukturen sind redundant ausgelegt, Datensicherungen in die Cloud ausgelagert und es existieren allerhand Verfahrensanweisungen, was im Notfall zu tun ist.

Allein, es wurde nur selten berücksichtigt, dass die Mitarbeiter nicht mehr aus dem Büro und stattdessen aus dem Home-Office arbeiten müssen. Fehlende Bandbreiten, für den Zugriff auf das Firmennetz, sind eher weniger ein Problem, denn das lässt sich organisatorisch regeln oder zur Not ist die Verbindungsgeschwindigkeit halt etwas langsamer.

Viel problematischer ist, dass nur wenige Unternehmen über ausreichend mobile Arbeitsplätze verfügen und sich das ganz praktische Problem stellt, dass ein Home-Office ohne ein funktionsfähiges, mit den nötigen Zugangsvoraussetzungen ausgestattetes Laptop, nicht sonderlich produktiv ist.

Die Unternehmen und Behörden haben, ebenso wie das Bildungssystem, die Anschaffung von Laptops und anderen mobilen Geräten aus unverständlichen Gründen immer vernachlässigt. Zwar ist die Anschaffung mobiler Ausstattung, im Vergleich zu einem herkömmlichen PC, etwas teurer, aber sie ist auch deutlich energieeffizienter, was sich in reduzierten Stromkosten widerspiegelt.

Würde manch Entscheidungsträger vor Augen geführt, dass ein Laptop mehr als 100 Watt weniger verbraucht, als ein herkömmlicher PC, würden viele Kaufentscheidungen anders ausfallen. Denn, multipliziert man die Stromersparnis mit der Anzahl der eingesetzten Geräte und die tägliche Betriebsdauer, kommt ein nicht unerhebliches Einsparpotential zutage. Dies auch unter dem Aspekt, dass die erhöhten Anschaffungskosten steuerlich ohnehin absetzbar sind.

Das dies ein schnell erkanntes und erstzunehmendes Problem ist, wird deutlich durch eine große Bundesbehörde, die inmitten der Krise 15.000 Laptops geordert hat. Bis zur Auslieferung an die betroffenen Stellen, vergehen aber mindestens 10 Wochen, da der IT-Dienstleister diese Zeit benötigt, um die Geräte betriebsfähig zu machen. Rechtzeitig, nach dem Höhepunkt der Krise, werden sie dann alle einsatzbereit sein.

Es wird aber auch deutlich, wenn dieser Tage IT-Großhändler davon sprechen, dass Laptops das Klopapier der Unternehmen sind. Eine Vielzahl von Unternehmen versucht den offensichtlichen Bedarf schon jetzt zu decken.

Grundsätzlich kann festgestellt werden, dass die IT-Ausstattung (nicht der Fortschritt der Digitalisierung), in Bundesbehörden und im Bildungswesen, nicht die alleinige Schuld der Politik ist. Die politischen Weichen zur Neugestaltung der IT-Landschaft sind schon vor Jahren gestellt worden und auch die benötigten Gelder stehen zur Verfügung. Es sind vielmehr die Beschaffungsämter und die Behörden selbst, die mit überausgeprägtem Bürokratismus, eine zügige Veränderung verhindern.

Privater Bereich

Im privaten Bereich ist die Digitalisierung individuell unterschiedlich weit fortgeschritten. Das liegt in hohem Maße an den sich daraus ergebenden Möglichkeiten, die manche Dinge des Alltags erleichtern oder einfach besser machen und von den Menschen gern angenommen werden.

Ein entscheidender Grund ist auch, dass junge Menschen keine Scheu vor dem Fortschritt haben und ausprobieren wollen, was die neue Technik für Vorteile bringt.

Hier ist es ist vor allem die Kommunikation, die Treiber des Fortschritts ist. Beispielsweise ist das Herumzeigen von Urlaubsfotos oder veranstalten von gemütlichen Diaabenden längst vorbei. Heute werden Fotos mit Smartphones geschossen und in Sekundenschnelle in sozialen Netzwerken hochgeladen oder direkt an Freunde und Bekannte verschickt, die so unmittelbar an allem teilnehmen und immer bestens informiert sind. Ebenso ersetzen Messaging Dienste viele Telefonate und Postkarten.

Einkäufe tätigen, Tische in Restaurants reservieren und Urlaub buchen, alles wird mittlerweile online erledigt. Das klassische Fernsehen wurde beispielsweise von Netflix und YouTube abgelöst, wie auch das Radio oder die CD von Spotify.

Wirtschaft

In der Arbeitswelt bedeutet es die Umwandlung oder gar eine komplette Neuausrichtung der Unternehmensprozesse, sowie eine Veränderung des klassischen Arbeitsplatzes. Das bedeutet auch, dass neue Technologien angeschafft werden müssen, aber auch, dass sich die Arbeitsweise verändern wird bzw. ganze Berufsbilder durch beispielsweise Künstliche Intelligenz verloren gehen könnte. Dabei ist jedes Unternehmen seines eigenen Glückes Schmied, was bedeutet, dass jedes Unternehmen selbst entscheiden muss, ob und welche Digitalisierungskonzepte es verfolgt.

Auch kann man feststellen, dass die Frage nach der Digitalisierung in Unternehmen im Grunde nicht so schwer zu lösen ist. Wenn Unternehmen, wie Menschen im privaten Bereich auch, sich mit dem Thema auseinandersetzen, ihre bekannten Prozesse analysieren und sich die Frage stellen, wie sie von den sich gegebenen neuen Möglichkeiten profitieren können, was davon umsetzbar ist und was das an Investitionen nach sich zieht, ist ein wesentlicher Schritt getan, für den es keine Heerscharen an Beratern bedarf. Es bedarf an Neugier, Offenheit, Verstand, Erkenntnissen, Mut und den finanziellen Möglichkeiten.

Allerdings, und das sollte nicht vergessen werden, darf daraus kein krampfhafter Versuch werden, Veränderungen herbeizuführen.

In manchen öffentlichen Diskussionen entsteht der Eindruck, dass die deutsche Wirtschaft nicht zukunftsfähig ist, wenn sie nicht sofort reagiert. Dies ist eine vollkommen falsche Sichtweise, weil es einzig und allein die Frage ist, welche Teile der Arbeit sich mit den sich gebenden Möglichkeiten effizienter oder schlicht besser abbilden lassen. So, wie es weite Teile der Unternehmen selbstverständlich und schon immer gemacht haben. Es steht in keinem Büro mehr eine Schreibmaschine und Fräsmaschinen sind ebenso computergesteuert, wie die Tourenoptimierung in Logistikunternehmen.

Es gibt nicht „den" Zeitpunkt, an dem die Digitalisierung vorangetrieben werden muss. Es ist vielmehr ein stetig fortschreitender Prozess, den es aber seit vielen Jahrzehnten schon gibt. Lediglich die zur Verfügung stehenden Möglichkeiten ändern sich.

Mit Sicherheit wird die Konsequenz aus dieser Krise sein, dass sich der Trend zum Cloud-Computing verstärkt. Damit können Mitarbeiter ohne im Büro sein zu müssen, mit Kollegen gemeinsam auf die gleichen Daten zugreifen, was eine wichtige Grundlage für das Homeoffice sein kann. Bereits in der Krise verzeichnen verschiedene Anbieter kräftige Sprünge bei Cloud-Abonnements.

Sind diese beiden genannten Bereiche doch weitgehend selbstbestimmt, weil jeder Mensch und jedes Unternehmen selbst entscheiden kann, wie er oder es sich der Herausforderung stellt, gibt es noch zwei weitere Bereiche, die in der aktuellen Situation besonders unter der wenig fortgeschrittenen Digitalisierung leiden und in denen sich zeigt, dass Deutschland teilweise noch ein digitales Entwicklungsland ist.

Bildungswesen

Die Krise zeigt die katastrophale Situation im Bildungswesen schonungslos auf. Denn die allerwenigsten Schulen sind entsprechend ausgestattet, als dass sie den Unterricht auf einer adäquaten Weise jetzt durchführen könnten. Es fehlt völlig an technischer Ausstattung, was nicht am Geld liegt, denn davon ist genug da, oder an der Komplexität der Umsetzbarkeit. Es fehlt in erster Linie am politischen Willen, die Digitalisierung voranzutreiben, und auch klare Konzepte, wie das ausgestaltet werden könnte, gibt es kaum.

Erschwerend kommt hinzu, dass Lehrer nicht entsprechend ausgebildet sind und auch nicht auf die neuen Herausforderungen vorbereitet werden. Es ist ein statisches System, in dem es für viele Lehrer Fortbildungen gab, als Englisch an Grundschulen eingeführt wurde. Absurd, um den Kleinsten das Zählen von eins bis zehn beizubringen. Besonders bitter für die zukünftigen Erwachsenen ist aber, dass sie nicht mit den Möglichkeiten und Risiken der sich ändernden Welt konfrontiert und nicht darauf vorbereitet werden.

Die aktuelle Situation führt Lehrern und Schülern schonungslos vor Augen, dass die Digitalisierung längst hätte vorangetrieben werden müssen.

Vom Unterricht, wie er in vielen Ländern der Welt, mit Smartboards / Tablets stattfindet, ist Deutschland so weit entfernt, wie von einer Landung auf der Sonne.

So fängt beispielsweise in Estland das digitale Lernen schon in der Grundschule an. Seit mehr als 15 Jahren wird dort ein digitales Klassenbuch benutzt. Über eine Plattform können Schüler, Lehrer und Eltern kommunizieren. Die Schule von morgen braucht Vernetzung und Möglichkeiten der Interaktion. Hierzulande gilt es schon als fortschrittlich, wenn es Mailinglisten gibt, mit denen Lehrer den Schülern Aufgaben zukommen lassen.

Das hat nichts mit dem zu tun, was eine Schule ausmacht und für Kinder und Jugendliche elementar ist. Denn zur Schule gehört Interaktion, die es ermöglicht, miteinander zu lernen, zu sprechen, zu korrigieren oder zuzuhören. So, wie es in vielen anderen Ländern längst möglich ist, wo Lehrer per Videokonferenz die Schüler zum Unterricht bitten und wo der einzige Unterschied zum Unterricht in der Schule ist, dass man nicht im gemeinsamen Klassenraum sitzt.

Aus diesen Gründen stellt die Digitalisierung das Bildungswesen vor eine echte Herkulesaufgabe, denn es mangelt im Grunde an allem.

Es wäre im Sinne aller, wenn Kinder und Jugendliche endlich auf die Herausforderungen der nahenden durchdigitalisierten Welt vorbereitet würden, denn sie stehen für die Zukunft des Landes. Die Problematik dabei ist, dass das Problem nicht allein mit Geld gelöst werden kann, wie es anderer Stelle gemacht werden könnte, denn, dazu bedarf es pädagogischer Konzepte und technischer Infrastruktur, die die Schüler heute schon befähigen, frühzeitig in die digitale Welt einzusteigen und sich in ihr zurechtzufinden. Der Umgang mit Künstlicher Intelligenz und Medienkompetenz muss als integraler Teil deren künftigen Lebens vermittelt werden.

Es ist wünschenswert, dass sich die Krise für das Bildungswesen am Ende als Chance erweist.

Bundesbehörden

Der Politik wurde in dieser Krise zweifelsfrei vor Augen geführt, woran es im Bereich der Digitalisierung in den Behörden mangelt.

Man kann mit absoluter Sicherheit davon ausgehen, dass diese Mängel kurzfristig abgestellt werden, wie auch die eilige Beschaffung der eingangs erwähnten 15.000 Laptops schon andeutet.

Es ist klar geworden, dass die verschiedenen Bundesbehörden, die von existenzieller Bedeutung für die Funktionalität und der öffentlichen Ordnung dieses Landes sind, unter allen Umständen auch in Krisensituationen einsatzbereit sein müssen. Das hat noch nichts mit dem eigentlichen Thema, Digitalisierung, zu tun, aber eine entsprechende IT-Ausstattung, ist eine elementare Grundvoraussetzung. Da diese käuflich zu erwerben sind und es keiner Strategie bedarf, wird sehr schnell reagiert werden.

Konsum nach Ende der Krise

Man muss kein Ökonom sein, um zu erahnen, was nach Ende der Krise passieren wird.

An dem Tag, wo Einzelhändler, Autohäuser usw. ihre Geschäfte wieder öffnen, sitzen sie auf einem Berg an Waren und haben dabei in den letzten Wochen und Monaten existenzbedrohende Verluste hinnehmen müssen.

Sie werden also alles tun, um so schnell als möglich ihre Waren abzuverkaufen und Geld einzunehmen.

Auf der anderen Seite stehen mögliche Käufer, die vielleicht Existenzängste haben, zuletzt nur Kurzarbeitergeld bezogen haben, oder die einfach nur unsicher hinsichtlich der Aussichten für die Zukunft sind. Was bedeutet, dass bestimmte Dinge nicht mal eben gekauft werden, auch wenn es dann wieder möglich ist.

Damit treffen zwei Gemengelagen aufeinander, bei der die eine Seite unbedingt Einnahmen erzielen muss und die andere Seite womöglich zögerlich ist.

Das wird unvermeidlich dazu führen, dass einige Händler die Preise reduzieren werden. Sie werden alles tun, um Einnahmen zu erzielen.

Diese Phase wird eine gewisse Zeit anhalten und dann wird sich das Blatt wenden, die Preise werden anziehen und die Zinsen werden steigen. Es wird eine moderate Inflation geben. Eine Hyperinflation, wie sie manche Experten befürchten, wird es aller Voraussicht nach, nicht geben. Denn daran hätte keine Notenbank der Welt Interesse. Wie lange die Phase der günstigen Preise anhalten wird, kann nicht vorhergesagt werden. Es könnte eine Woche sein, aber auch 2 Monate. Viel länger allerdings nicht.

Insofern gilt für potente und potentielle Käufer von Waren aller Art, direkt nach Ende der Krise, das zu kaufen, was benötigt wird.

Besondere Schnäppchen könnte es, im Autobauerland Deutschland, bei den Neuwagen geben. Die Autoindustrie und die damit einhergehenden vielen Arbeitsplätze, auch bei den Zulieferern, haben in Deutschland eine Sonderstellung und so wird die Regierung alles tun, um positive Signale zu setzen und einen möglichen Stellenabbau zu verhindern. Wie diese Signale aussehen könnten, ist schwer vorherzusehen, vielleicht gibt es eine Neuwagenprämie oder auch die Herabsetzung der Mehrwertsteuer auf Neuwagen wäre denkbar.

Wer mit dem Kauf eines Neuwagens liebäugelt, kann ganz sicher profitieren.

Immobilien

Der Immobilienmarkt wird in vielfältigster Weise von der Krise berührt sein. Hier gilt es, einen genaueren Blick auf die verschiedenen Teilbereiche zu werfen.

Aufgrund der zu erwartenden Verunsicherung, dürften viele Menschen zunächst andere Prioritäten setzen und die Job- und Existenzsicherung in den Vordergrund stellen. Der Erwerb von Immobilien und Umzugspläne, werden erst nachrangige Interessen sein und insofern sind auch kurzfristige Auswirkungen auf den Immobilienmarkt zu erwarten.

Weit wesentlicher, als die kurzfristigen Effekte, werden sich mittel- und langfristig, die unzweifelhaft unvermeidbaren Zinserhöhungen bemerkbar machen, denn mit dem Ende des „billigen Geldes" wird auch ein Umdenken stattfinden müssen, was größere Auswirkungen auf Immobilien aller Art haben wird, als die Krise selbst.

Es wird einen „Hallo-Wach-Effekt" geben, denn viele Menschen heutzutage kennen Zeiten nicht, in denen für eine Immobilienfinanzierung mehr als 1,x Prozent fällig sind. Infolge dieser Entwicklung wird es für einen Durchschnittsverdiener nicht mehr so einfach möglich sein, eine Immobilie für mehrere hunderttausend Euro zu finanzieren, weil „es ja nichts kostet".

Zusätzlich werden bestehende Hypothekenkredite, die in der Phase höherer Zinsen der Verlängerung bedürfen, deutlich teurer werden.

Einerseits, weil der zu erwartende Zinssatz spürbar höher sein wird und anderseits, weil in Zeiten des Niedrigzinses, der Zinseszinseffekt kaum wirkt und damit effektiv zu wenig Tilgung geleistet wurde. In Erwartung einer solchen Situation, sind viele Banken vor Jahren schon dazu übergegangen, die Mindesttilgungsrate von 1% auf 2% zu erhöhen, was aber nur marginale Wirkung haben dürfte.

Das wird für viele Haushalte eine größere finanzielle Belastung darstellen, weswegen in manchen Fällen, ein Verkauf der Immobilie nötig oder sinnvoll sein könnte. Welches in der Folge zu einer Kettenreaktion führen könnte, weil viele Immobilienbesitzer in eine solche Situation geraten könnten.

Es ist auch denkbar, dass sich der Staat bei den Immobilieneigentümern bedient. Die bereits vor der Krise diskutierte Bodenwertzuwachssteuer könnte ein geeignetes Mittel darstellen. Aber auch eine Zwangshypothek, wie nach dem Zweiten Weltkrieg, kann in der aktuellen Notsituation nicht ausgeschlossen werden. Diese Hypotheken mussten damals von den Immobilieneigentümern über 30 Jahre lang abbezahlt werden.

Wobei dies sicher nicht für die eigengenutzte Immobilie gelten würde, sondern vielmehr für Mehrimmobilienbesitzer.

Als unmittelbare Folge der Krise ist eine moderate Inflation relativ wahrscheinlich. Da der Wunsch nach einer inflationssicheren Anlage in Deutschland ohnehin latent vorhanden ist, werden in diesem Zusammenhang immer wieder das Eigenheim, Grundstücke oder Immobilien als inflationssichere Anlagen ins Spiel gebracht.

Dies trifft zweifellos auch zu, denn, der Wert von Immobilien steigt bei der Inflation, wie andere Produkte auch, während Geld seinen Wert verliert.

Immobilien gleichen eine Geldentwertung aus, da sie im Preis steigen. Bei finanzierten Immobilien entsteht dazu noch ein doppelt positiver Effekt. Denn, der Nennwert der Schulden bleibt gleich, aber gleichzeitig sinkt der tatsächliche Wert der Schulden durch die Geldentwertung und zusätzlich steigt der Wert der Immobilie.

Insofern besteht eine gewisse Sicherheit vor den Auswirkungen einer Inflation. Ein Verweis auf die Neben- und Betriebskosten ist nicht sinnvoll, da diese, wenn überhaupt, für alle Bürger steigen. Egal ob Eigentümer oder Mieter.

Begonnene Neubauten

Auf allen Baustellen wird weiterhin gearbeitet und es dürften keine nennenswerten Komplikationen auftreten. Es ist nicht realistisch, dass längere Bauunterbrechungen drohen. Zwar besteht die theoretische Möglichkeit, einer Unterbrechung von Lieferketten, durch die Baumaterial oder Ersatz- und Verschleißteile für Baumaschinen fehlen könnten. Aber es gibt keine Anzeichen für solch Engpässe, so dass in diesem Bereich keine erwähnenswerten Probleme zu erwarten sind.

Neubauten in Planung

Die Fertigstellungszahlen von Neubauten werden nicht so dramatisch einbrechen, wie es manch Pessimist befürchtet.
Mit absoluter Sicherheit wird es in der ersten Jahreshälfte, aufgrund der auferlegten Kontaktsperren und Ausgangsbeschränkungen sowie aufgrund von Erkrankungen oder der Furcht sich anzustecken, Engpässe auf den Bauämtern geben und auch das Ausweisen von neuem Bauland oder das Erteilen von Baugenehmigungen, wird sich verzögern. Perspektivisch wird es mit es Sicherheit keine gravierenden Auswirkungen haben. Angesichts der Krisensituation ist die verspätete Fertigstellung eines Neubaus, von vielleicht 2 bis 3 Monaten, nicht als gravierend anzusehen.

Wohnimmobilien

Kurzfristig ist davon auszugehen, dass vereinzelt größere Preisausschläge in beide Richtungen zu beobachten sind. Dies, weil Verkäufer und Käufer aus Verunsicherung oder Falscheinschätzung der Situation, zu Überreaktionen neigen könnten.

Es scheint möglich, dass für kurze Zeit nach dem Shutdown, manch Käufer den immer noch niedrigen Zinssatz zu einem Immobilienkauf nutzt, was auch, angesichts der nahenden Zinserhöhungen, sinnvoll sein kann.

Dazu kommt, dass für viele Menschen die aktuelle Lage eine ungewohnte psychische Belastung darstellt. Der historisch einmalige Wirtschaftseinbruch, mit der einhergehenden Verunsicherung und möglichen finanziellen Einbußen der Bürger, wird zu Preiskorrekturen führen.

In Kombination mit den zu erwartenden Zinserhöhungen, wird es das Ende der „Party" am Immobilienmarkt sein.

Büroimmobilien

Der Markt für Büroimmobilien wird eine hohe Unsicherheit bei Preisen und Mieten erfahren. Zunächst wird für einen längeren Zeitraum das Damoklesschwert der Insolvenz über verschiedenste Unternehmen schweben und so die Nachfrage nach Büroimmobilien abschwächen.

Die Krise wirft auch die Frage auf, ob es eine verstärkte Verlagerung von Arbeitsplätzen ins Home-Office geben wird. Sollte dies der Fall sein, wird die Nachfrage nach Büroraum permanent reduziert, was unweigerlich Leerstand und fallende Preise als Konsequenz hätte.

Man muss in diesem Zusammenhang beachten, dass je länger die Krise andauert, desto größer wird der Gewöhnungseffekt. In der Praxis bedeutet das, dass viele Unternehmen erkennen, dass diese Art der Arbeit und Zusammenarbeit innerhalb und zwischen Teams, auch über weite Entfernung funktioniert, gar teilweise effizienter ist und so ein Umdenken stattfindet und künftig vermehrt Arbeitsplätze ins eigene Heim verlagert werden.

Zumal es auch Unternehmen zum Umdenken bringen könnte, die dem Home-Office bisher kritisch gegenüberstanden.

Politik

Der mediale Druck auf die Politik war groß und eine Katstrophe schien so nahe, als das Eile geboten schien. Schnell entschlossen wie nie, wurden in kürzester Zeit Gesetze geändert und das gesellschaftliche Leben auf ein Minimum reduziert.

Diesen, so drastischen Entscheidungen, gingen keine langen Diskussionen voraus, die Politik hat allein auf die Empfehlungen eines Mannes bzw. eines Instituts reagiert, und damit faktisch die Kontrolle über das Land abgegeben.

Keine Bundeskanzlerin und kein Bundeskanzler, wird je so weitreichende Befugnisse haben, wie sie derzeit der Virologe Christian Drosten hat.

Er hat es sogar geschafft, die Opposition in Bundestag und Bundesrat abzuschaffen. Wo vorher noch lang um wenige Milliarden z. B. für die Einführung der Grundrente gestritten wurde, herrscht nun Einigkeit. So lässt sich ein milliardenschwerer Nachtragshaushalt und die Änderung des Infektionsschutzgesetzes problemlos durchsetzen.

In Deutschland scheint es derzeit keine Parteien mehr zu geben, sondern nur Corona-Bekämpfer und man könnte den Eindruck gewinnen, dass die Politik die Legitimation ihrer unpopulären Maßnahmen auf die Wissenschaftler abschiebt.

Dabei wäre es nun als Politiker an der Zeit, aus der Masse herauszutreten und sich als Staatsmann zu profilieren, was angesichts der nahenden Bundestagswahl und der ungeklärten Kanzlerfrage, von entscheidender Bedeutung sein könnte.

Die Krise böte, neben der jetzt schon vorhandenen politischen Verpflichtung, auch die einmalige Gelegenheit, zu zeigen, wer weitsichtig, klug und konsequent handelt und sich somit zurecht Hoffnungen auf eine Kanzlerkandidatur machen darf.

In Krisensituationen müssen Bürger das Gefühl haben, dass sie mit Intelligenz und Zuversicht in eine bessere Zukunft geleitet werden.

Auch wenn eine Positionierung für eine mögliche Kanzlerkandidatur, in Zeiten von Corona sicherlich nicht angebracht ist, so würde sich diese noch zu fällende Entscheidung, Kraft der Taten von allen beantworten.

Als besonders erfreulich empfinden die Menschen in diesen Tagen, dass die ständigen Querschießer, die vermeintlich aufstrebenden Parteien, wie die Linken, die Grünen und die AFD verstummt sind und man in den schweren Stunden nicht noch zusätzlich von deren weltfremden Vorschlägen genervt wird.

Die CDU, das vergisst man gerade leicht, sucht ja auch noch jemanden, der sich für das Amt der Bundeskanzlerin oder des Bundeskanzlers empfiehlt. Dabei zeigt sich schon ein wesentlicher Unterschied zu anderen Parteien. Denn, während die anderen Parteien nach dem Einen suchen, drängen sich bei der CDU gleich mehrere Kandidaten auf.

Allerdings scheint es, als würde das Virus eine natürliche Selektion vornehmen und einige AnwärterInnen, Kraft deren Handelns oder Nichthandelns, unmöglich machen, denn in der Krise lernt das Volk seine Politiker neu kennen.

Da wäre sicherlich Markus Söder zu nennen, der in weiten Teilen der Bevölkerung an Sympathien gewonnen hat, weil er als erster Ministerpräsident klar und unmissverständlich den Weg aufgezeigt hat, den sein bayrisches Volk nun zu gehen bereit sein muss. Unabhängig davon, ob sich die eingeleiteten Maßnahmen letztlich als richtig oder falsch erweisen, hat er Mut bewiesen und konsequent gehandelt. Er hat das getan, was man in einer solchen Situation von einem Menschen in einer Führungsposition erwarten kann und muss.

Beeindruckend auch, dass er in einer schwierigen Zeit nicht nur von der Solidarität der Menschen und der höchsten Wertschätzung aller Pflegekräfte in Krankenhäusern, ambulanter Pflege, Alten- und Behinderteneinrichtungen, an Notfallsanitäter und Rettungsassistenten redet, sondern den Worten auch Taten folgen lässt. Er lässt diesen Berufsgruppen einen Bonus in Höhe von 500 Euro zukommen, um damit die enormen Leistungen in der Corona-Krise anzuerkennen.

Damit hebt er sich wohltuend von allen anderen Ministerpräsidentinnen und Ministerpräsidenten ab, von denen letztlich nur warme Worte und Durchhalteparolen an die Bürger gerichtet werden.

Aber auch Armin Laschet verdient Beachtung, wenngleich er nicht so öffentlichkeitswirksam agiert.

Er ist der Ministerpräsident, der versucht wissenschaftliche Erkenntnisse zu gewinnen, um eine möglichst schnelle Wiederherstellung des normalen Lebens zu erreichen. Er denkt strategisch und langfristig, strahlt bei seinen öffentlichen Auftritten Konsequenz, Mut und Zuversicht aus. Eigenschaften, die ihn von vielen anderen Politikern unterscheiden und ihn deshalb zu einem legitimen Kanzlerkandidaten machen, wenn letztlich sein Wirken medial in entsprechendem Umfang Würdigung findet. Denn, es scheint so, als ob er, und die von ihm auf den Weg gebrachte Studie, den Weg für die Bürger und die Wirtschaft, in die Normalität ebnen wird und die Bundesregierung zur Abkehr der Hörigkeit zu den Wissenschaftlern ohne Wissenschaft bringen wird.

Friedrich Merz hingegen, der leider von dem Virus selbst betroffen wurde und den Verlauf der Erkrankung so beschrieb, als hätte er eine leichte bis mittelschwere Grippe mit Symptomen, die er bis dahin so nicht kannte, konnte infolge dessen die Gunst der Stunde nicht nutzen und Werbung in eigener Sache machen. Es scheint aber auch ein Wink des Schicksals zu sein, denn rückblickend betrachtet, wirkte der knochige Mann doch wie ein Überbleibsel aus einer vergangenen Zeit, der, einst als Hoffnungsträger gefeiert, nun der Kanzlerin der Rücken stärkt.

Die amtierende Bundeskanzlerin verdient auch Erwähnung, auch wenn sie keine weitere Kandidatur mehr anstrebt. Noch aber hat sie das Amt inne und muss nicht zwangsweise eine Lame Duck sein. Es ist die Pflicht eines Staatsoberhauptes, in schweren Zeiten zeitnah zu den Bürgern zu sprechen und mit klaren Worten, starker Hand und Zuversicht den Weg in eine bessere Zukunft aufzuzeigen. Es ist auch die Zeit, in der sich große Staatsmänner von Staatsmännern unterscheiden. Erst nach einigen Tagen und vielen warmen Worten zum Volk zu sprechen, war eine falsche Entscheidung und auch die Wortwahl war geprägt von nüchterner Sachlichkeit.

Auch die SPD ist bekanntlich auf Kandidatenschau und jetzt offenbart sich deren ganzes Personalproblem. Denn es gibt niemanden, der jetzt in den Vordergrund drängt, was einen Bürger, der nicht schon vorher die Partei gewählt hat, veranlassen könnte, dies demnächst zu tun. Es scheint, als hätte die Partei nichts aus den Fehlern der Vergangenheit gelernt, die den Absturz in die baldige politische Bedeutungslosigkeit eingeleitet haben. Die einzig nennenswerten Parteioberen, Olaf Scholz und Saskia Esken, glänzen mit Vorschlägen, wie einer Sonderabgabe der Vermögenden und einer Steuerfreistellung von Bonuszahlung von Unternehmen. Es scheint unfassbar, mit welcher Ideenlosigkeit sich eine dem Tode geweihte Partei ihrem Schicksal ergibt.

Sollte nicht noch eine Allianz der Gescheiten eine Partei gründen, wird das Rennen um den nächsten Bundeskanzler derjenige gewinnen, der sich in diesen Tagen am meisten profilieren konnte.

Allerdings darf die manipulative Macht der Medien nicht unterschätzt werden, denn, wer Entscheidendes leistet, ist nicht immer der, der auch das beste Marketing in eigener Sache bekommt.

Alle Parteien eint, und das sollten die Bürger nicht vergessen, dass sie zur Legitimierung der von ihnen getroffenen Entscheidungen, in Windeseile bestehende Gesetze geändert haben. Allein deshalb kann man ihnen keinen Rechtsbruch vorwerfen. Es ist eine ausgesprochen komfortable Situation, wenn man sich nicht im Rahmen bestehender Gesetze bewegen muss und stattdessen die Gesetze seinem Handeln anpassen kann.

Steuern

Die Krise wird immense Kosten nach sich ziehen und es werden Wege und Möglichkeiten gefunden werden müssen, diese weitestgehend zu refinanzieren. Mit an Sicherheit grenzender Wahrscheinlichkeit, wird es zusätzliche Steuern geben, welche an dieser Stelle keine Bedeutung finden werden. Denn, die Bürger sind der steuerlichen Kreativität der Politiker ausgesetzt. Jetzt zu spekulieren, ob der Solidaritätszuschlag verlängert oder gar erhöht wird oder welche Art der Steuer oder Steuererhöhung eingeführt wird, wäre reine Spekulation.

Vielmehr sollen drei Möglichkeiten von Steuerveränderungen aufgezeigt werden, die die Folgen der Krise abmildern. Sie generieren in Summe Mehreinnahmen, tragen zur Steuergerechtigkeit bei und leiten gesellschaftliche Entwicklungen in die richtigen Bahnen. Insofern sind zwei der drei hier genannten Steuerarten eher sinnvolle Vorschläge, die zuletzt behandelte Finanztransaktionssteuer wird mit absoluter Sicherheit infolge der Krise eingeführt werden.

Differenzbesteuerung

In jeder Art von Krise wird allgemein zur Solidarität aufgerufen, das Volk müsse geeint zusammenstehen und nur so könne man die Gefahr überstehen. Es ist ein Appell an die Gemeinschaft, denn nur gemeinsam ist man stark. Die dann lebensrettenden Berufe werden als die wichtigsten Berufe einer Gesellschaft bezeichnet, denn sie sind existenziell.

Neigt sich die Krise dem Ende entgegen, nimmt das Interesse an den so gelobten Helfern ab und sie geraten in Vergessenheit. In Vergessenheit, vor allem, wenn es um Arbeitsbedingungen und Bezahlung geht.

Das Ende dieser Krise sollte deshalb nicht das Ende der Solidarität sein.

Die Einführung einer Differenzbesteuerung nach Tätigkeitsbereichen, wäre gerecht und würde Anreize schaffen, die für die Funktionsfähigkeit des Landes wichtigen Berufe, attraktiver zu machen.

Es ist völlig unstrittig, dass Kindergärtner, Altenpfleger, Krankenpfleger, Feuerwehr, Polizei und all die Menschen dieses Land tagtäglich und sprichwörtlich am Leben halten. Und das nicht nur in einer Krise. Es sind Berufe am Menschen für Menschen.

Die Einführung einer pauschalen Einkommenssteuer von 10% für diese Berufe, würde sie attraktiver machen und dem aktuell herrschenden Personalmangel entgegenwirken.

Stationärer Handel / Online-Handel

Es ist nicht ein Problem der Krise, denn es war schon vorher existent, aber es wird durch die Krise verschärft werden, denn Millionen Menschen waren in der Krise vermeintlich gezwungen, online einzukaufen und werden in der Nachkrisenzeit manch Vorzüge des Online-Handels weiter zu schätzen wissen.

Man sitzt bequem auf der Couch, muss sich nicht bewegen, kann ungestört auswählen und zwei Tage später bekommt man die Bestellung geliefert.

Kling gut, ist es aber für eine Gesellschaft nicht. Denn, mag es aus wirtschaftlicher Sicht für die Betreiber lukrativ sein, aber für eine Gesellschaft ist der Online-Handel kein Fortschritt, eher eine Gefahr.

Neben dem Verlust der urbanen Kultur sterben die Innenstädte, was einhergeht mit dem Verlust von Arbeitsplätzen und damit auch Existenzen.

Es geht dabei nicht um den Erhalt einer nicht mehr zeitgemäßen Form einer Lebensform oder um rückwärtsgewandtes, technologiefeindliches Denken. Die Gesellschaft ändert sich stetig und es muss nicht am Status Quo festgehalten werden. Aber es müssen Rahmenbedingungen geschaffen werden, die die Gesellschaft nicht gefährden.

Die Einführung einer Online-Steuer, bei gleichzeitiger Absenkung der Steuer für den stationären Einzelhandel, würde zwar keine Chancengleichheit herstellen, aber doch dem stationären Handel eine faire Chance bieten.

Der Online-Handel, der der Gesellschaft nichts bringt, außer die Waren, weil er nur wenigen Menschen Arbeit verschafft und deutlich weniger Kosten hat, zahlt einen steuerlichen Aufschlag von 5%, welcher dem stationären Handel, der Existenzen sichert und dafür erhebliche Kosten hat, abgezogen wird.

So kann weiterhin jeder kaufen wo er möchte, aber dann hat Bequemlichkeit, im wahrsten Sinne des Wortes, ihren Preis.

Finanztransaktionssteuer

Erstmals kam die Finanztransaktionssteuer nach der Finanzkrise von 2008 auf die politische Agenda. Die Idee, die sich dahinter verbarg, war, den Hochfrequenzhandel mit Aktien und Derivaten, wo Milliarden in kürzester Zeit und ohne volkswirtschaftlichen Nutzen hin und hergeschoben werden, einzudämmen. Wobei dies nicht allein fiskalische Hintergründe hatte, es ging dabei auch darum, die Finanzmärkte vor allzu starken Ausschlägen zu schützen. Der Hochfrequenzhandel sollte mit einer Steuer auf Finanztransaktionen geschrumpft werden. Damit sollte die Finanzindustrie auch einen Beitrag leisten, da sie zuvor mit Milliardensummen von den verschiedenen Staaten gerettet worden war.

Noch im Dezember 2019 hatte Bundesfinanzminister Scholz einen Gesetzentwurf, besser: einen Minimalvorschlag, zur Besteuerung von Finanzgeschäften in Europa vorgelegt und dabei die ursprüngliche Idee deutlich abgespeckt. Nur der Kauf von Aktien sollte mit 0,2 Prozent besteuert werden. Bei einem Aktienkauf von 50.000 Euro wären demnach 100 Euro Steuer fällig. Für Hochfrequenzhändler plante Scholz gar eine Sonderregel, sie sollten nur ihr Tagessaldo, also Käufe abzüglich Verkäufe, versteuern. Käufe anderer Wertpapiere, auch die von spekulativen, werden nach dem Scholz-Modell überhaupt nicht berücksichtigt.

Allein der Mut, einen solchen Vorschlag zu unterbreiten, zeigt, wessen Geistes Kind der SPD-Mann ist.

Die Finanztransaktionssteuer sollte eine Besteuerung der Spekulanten sein. Er sollte Menschen oder Unternehmen treffen, die "leistungslose Gewinne" erzielen wollen.

So aber wäre der, für die Weltmärkte so gefährliche Hochfrequenzhandel, gar nicht betroffen und nur Aktienhändler würden zur Kasse gebeten.

Ein Unsinn sondergleichen und es bleibt zu hoffen, dass durch die Krise ein Umdenken stattfindet.

Denn, die Krise bietet die Chance zur Durchsetzung einer einheitlichen Finanztransaktionssteuer, da wohl alle Staaten in Europa bzw. der Welt, ein großes Interesse an einer Refinanzierung der Krisenkosten haben werden.

Geht es bei der thematisierten Differenzbesteuerung darum, dass Menschen entlastet werden, die im Sinne der Gesellschaft arbeiten, geht es bei dieser Steuer darum, dass diejenigen, deren einziges Interesse die Mehrung des eigenen Kapitals ist und von deren Handeln in keinster Weise ein volkswirtschaftlicher Nutzen ausgeht, ausgebremst werden.

Die Finanztransaktionssteuer sollte für Transaktionen ab einer festzulegenden Höhe eingeführt werden, um so Kleinanleger verschonen.

Wirtschaft

Wer an dieser Stelle ein Horrorszenario erwartet, wird enttäuscht werden.

Es sind keine Gründe ersichtlich, die eine langjährige und tiefergehende Wirtschaftskrise rechtfertigen würden.

Das scheint zunächst abwegig, denn die Weltwirtschaft ist zum Stillstand gekommen und zusätzlich sind die Gesundheitssysteme in allen Ländern der Welt am Rande ihrer Kapazitäten und teils darüber hinaus.

Scheinbar ein Szenario, wie es Verschwörungstheoretiker immer vorhergesagt haben.

Es ist ohne Zweifel, auf den ersten Blick, die schlimmste ökonomische Krise aller Zeiten. Aber nur auf den ersten Blick.

Denn ein Vergleich mit den letzten großen Krisen der Weltwirtschaft zeigt einen wesentlichen Unterschied.

Beim Platzen der Dot-Com-Blase und in der Weltfinanzkrise, waren es zwei Teilbereiche der Wirtschaft, die Probleme hatten, was dann letztlich auf die gesamte Wirtschaft übergegriffen hatte.

Bei der Weltfinanzkrise kam noch erschwerend dazu, dass, als die Kurse endlich wieder begannen sich zu stabilisieren, ein externer Schock, in Form der Anschläge auf das World Trade Center, auf die Märkte einwirkte und die Kurse weiter fallen ließ.

Nun aber hat die Weltwirtschaft im eigentlichen Sinne kein Problem. Ein externes Ereignis, das Virus, hat, vergleichbar mit den Terroranschlägen von New York, auf die Weltwirtschaft eingewirkt.

Sicher, die Märkte waren heiß gelaufen, Unternehmen hatten sich infolge der niedrigen Zinsen hoffnungslos überschuldet und es bedurfte einer Korrektur.

Aber, es besteht kein Zweifel an der Leistungsfähigkeit der Wirtschaft, die einen Fall ins Bodenlose bzw. eine Rezession rechtfertigen würde.

Da es keine ökonomische Rechtfertigung für ein solches Szenario gibt und niemand gern Geld verliert, gibt es auch keinen Grund, anzunehmen, dass es eine langanhaltende Phase sinkender Aktienkurse oder einer erlahmenden Wirtschaft geben wird. Zumal ein Blick nach China ausreicht, um festzustellen, dass deren Wirtschaft sich bereits stabilisiert hat und der Motor der Weltwirtschaft auf dem Weg zur Normalität ist.

Natürlich wird es so sein, dass Unternehmen in Schieflage geraten und dass sie Unterstützung seitens des Staats oder der Banken benötigen, was im Einzelfall zu einer Kreditklemme führen kann. Diese Probleme zu beseitigen, ist Aufgabe der Notenbanken und man darf davon ausgehen, dass diese nichts anbrennen lassen.

Vielleicht kann die jetzige Situation mit einem besoffenen Mann verglichen werden, der torkelnd über den Gehweg läuft. Er verliert das Gleichgewicht, kommt ins Stolpern und fällt auf die Straße. Ein Auto fährt auf ihn zu und kann im letzten Moment ausweichen.

Eine Schrecksekunde, aber es ist nichts Gravierendes passiert.

Nach einer Nacht, bleibt vielleicht ein böser Traum und der Mann geht voller Tatendrang seinen Aufgaben nach. Vielleicht hat er gar aus diesem Vorfall etwas gelernt, zieht die richtigen Schlüsse und damit könnte in der Krise letztlich noch was Gutes stecken.

So wird es in der jetzigen Situation ebenfalls ablaufen, denn es gibt keine rationalen Gründe, die ein anderes Szenario rechtfertigen würden.

Natürlich ist es schwer, zu prognostizieren, wann sich die Aktienmärkte beruhigen. Es wird eine Zeit lang starke Schwankungen geben, denn Über- und Untertreibungen sind wesentlicher Bestandteil der Finanzmärkte. Aber natürlich müssen auch die real entstandenen Verluste fortwährend neu berechnet werden, was wesentliche Auswirkungen auf die weitere wirtschaftliche Entwicklung und die Aktienkurse haben wird.

Insofern ist erhöhte Vorsicht für einen längeren Zeitraum angebracht.

Mit ziemlicher Sicherheit wird die Krise gewisse Veränderungen nach sich ziehen, die teils einer logischen Erklärung folgen oder aber dem Zeitgeist entsprechen.

Es wird, in einer längeren Phase, eine Bereinigung, zugunsten großer, moderner und zukunftsfähiger Unternehmen geben. In weiten Teilen der Industrie wird es einen nie dagewesenen Umsatz- und Gewinneinbruch geben. Viele Unternehmen werden tief in die roten Zahlen rutschen. Selbst wenn dann Produktion und Verkauf wieder anläuft, wird es Monate dauern, bis das Vorkrisenniveau wieder erreicht wird.

Denn eine deutlich gestiegene Arbeitslosigkeit, Unternehmensinsolvenzen und Einkommensverluste werden die Nachfrage dämpfen.

Um dies festzustellen, muss man kein Prophet oder Wirtschaftswissenschaftler sein, denn schon inmitten der Krise wird deutlich, welche Auswirkungen zu erwarten sind.

Beispielhaft sei die Restaurantkette Vapiano genannt, welche direkt am Anfang der Krise Insolvenz anmelden musste. Das Unternehmen steckte schon lange in Schwierigkeiten und mehrfach gab es neue Finanzierungsrunden, um den Fortbestand zu sichern. Ein Unternehmen ohne funktionierendes Geschäftsmodell und damit ohne Zukunft. Es verschwindet nicht wegen der verhängten Maßnahmen, es verschwindet, weil die dahintersteckende Idee eine nicht umsetzbare Illusion ist.

Ein anderes Beispiel ist die Lufthansa. Hoffnungslos überschuldet und unter immensem Kostendruck, war es in den letzten Jahren ein fortwährender Kampf um die Existenz, die mit immer mehr Wachstum, finanziert durch billige Kredite, gesichert werden sollte. Durch den verordneten Shutdown bricht das Geschäftsmodell weg. Keine Einnahmen und gewaltige Ausgaben sind existenzbedrohend. Zumal es eine Zeit dauern wird, bis der Flugbetrieb wieder so läuft, dass er rentabel ist. Da nutzt es auch nichts, dass die Lufthansa Cargo bis an die Grenzen ausgelastet ist und sogar Verkehrsflugzeuge als Transportmaschinen genutzt werden. Allein die Beteiligung des Staates wird helfen, die Zukunft zu sichern. Dass dies die einzige Alternative ist, scheint klar, denn schon in der Krise bat das Unternehmen um staatlichen Beistand.

Folgende Kriterien werden für die zukünftige Entwicklung von Bedeutung sein:

1.) Steigende Zinsen werden den wenig rentablen und in Folge der hohen Verschuldung in Schwierigkeiten geratenen Unternehmen, die Luft zum Atmen nehmen und zeitgleich werden sich weniger Investoren finden, die bereit sind, risikobehaftetes Geld in solche Unternehmen zu investieren.

2.) Die Krise bietet Zeit zum Nachdenken. Zeit, zu überlegen, was im Leben wichtig ist. Daraus resultierend werden innovative und umweltschonende Unternehmen in den Vordergrund geraten.

3.) Unternehmen ohne funktionierendes Geschäftsmodell werden kurz- bis mittelfristig vom Markt verschwinden.

4.) Der Online-Handel wird der Gewinner sein. Er hat sich in der Krise bewährt und die Menschen sich noch mehr daran gewöhnt.

5.) Aktionäre werden genauer überprüfen, wie zukunftsfähig die Unternehmen sind, wie es um deren

Finanzen bestellt ist und welche Fähigkeiten das Management hat bzw. wie viel Vertrauen man diesem schenken kann.

Kleine Unternehmen und der Mittelstand, werden die Krise weitgehend unbeschadet überstehen, denn die kurzfristig vergebenen, nicht rückzahlbaren Finanzhilfen, sichern deren Existenz. Nach Lockerung der Maßnahmen und Wiederaufnahme aller wirtschaftlichen Tätigkeiten, wird es sicher hier und da Schwierigkeiten geben, was dem geschuldet ist, dass es eine Zeit dauern wird, bis die Konjunktur wieder volle Fahrt aufgenommen hat.

Es nicht erkennbar, was sich an den Rahmenbedingungen durch die Krise verändert haben könnte, als das Existenzen gesunder Unternehmen auf dem Spiel stünden.

Ein Besuch in einem Baumarkt dieser Tage zeigt, dass die Menschen positiv in die Zukunft sehen. Denn, ohne Zukunft, renoviert niemand sein Haus.

Zinsen

Die Europäische Zentralbank war in den vergangenen Jahren in keiner beneidenswerten Situation. Versuchte sie doch mit ihrem Eingreifen den Euroraum vor einer Deflation zu bewahren und andererseits den Zerfall des Euro zu verhindern. Zusätzlich ist die EZB für die wirtschaftliche Stabilität in einem Europa der krassen wirtschaftlichen Unterschiede verantwortlich und so kann man ihre Geldpolitik, als das Überlebenselixier hochverschuldeter Euro-Mitgliedstaaten bezeichnen.

Nun ist die Eurokrise ungelöst, was von der EZB mit billigem Geld verdeckt und von der Politik verschleppt wurde.

Es war eine geldpolitische Geisterfahrt, die auch unter der Nachfolgerin des viel gescholtenen Mario Draghi kein Ende nahm, bzw. nehmen konnte.

Bei aller fortwährend formulierter Kritik muss doch festgestellt werden, dass es im Grunde keine andere Wahl gab, als so zu handeln, wie es die EZB tat. Die Alternative wäre ein Zerfall des Euro, des Euroraums und damit wäre sie selbst obsolet.

Die Zinsen im Euroraum standen zuletzt bereits auf einem Rekordtief und die EZB hatte kaum noch Spielraum für Zinssenkungen. Dabei hatte die ultralockere Geldpolitik in den vergangenen Jahren nicht die erhoffte Wirkung gezeigt. Die Inflation fiel viel zu niedrig aus, um der Wirtschaft Dynamik zu verleihen.

Anders im privaten Bereich. Egal, ob Häuslebauer, Sparer, Autobesitzer oder Urlauber: Alle kamen in den Genuss der positiven Folgen der lockeren Geldpolitik. Konnten doch manche Annehmlichkeiten des Lebens weitestgehend, wenn nötig, mit günstigen Zinsen finanziert werden.

Weniger erfreulich hingegen waren die Folgen für die Sparer. Wer vor der Krise sein Geld auf dem Sparbuch angelegt hatte, bekam dafür meist keine Zinsen. Zieht man davon noch die Inflationsrate ab, so wurde schnell klar: Wer sein Geld aufs Sparbuch legt, gibt es der realen Vernichtung preis.

Dabei leiden nicht nur Sparbuch-, Tages- und Festgeld-Sparer seit Jahren unter den niedrigen Zinsen, sondern auch Bürger, die Kapitallebensversicherungen abgeschlossen haben. Da, infolge der niedrigen Zinsen, auch der Garantiezins und damit die Überschussbeteiligungen sanken.

Der Vermögensaufbau über diese beliebten Anlageformen gestaltete sich somit relativ schwierig, der Vermögenserhalt war aber gegeben.

Um dem zu entgehen, blieb Sparern nur ein Ausweg: Sie mussten höhere Risiken eingehen und in Sachwerte, wie Immobilien oder Aktien investieren. Was sich in den meisten Fällen auch auszahlte, denn sowohl Aktien als auch Immobilienpreise zogen in den letzten Jahren merklich an.

Wer eine Bilanz der lockeren Zinspolitik zieht, sollte neben den Nachteilen, auch all die Vorteile sehen, die sie den Bürgern gebracht hat.

In den Medien, und damit auch in der allgemeinen Wahrnehmung, wird die EZB, meist in Person des Mario Draghi, als diejenige dargestellt, die den armen Bürger um sein Erspartes bringt und die Altersvorsorge in Gefahr bringt. Was einzeln betrachtet, sicher auch zutrifft.

Aber es trifft am Ende nur isoliert und auch nicht auf jedermann zu, denn die beim Immobilienkauf, durch die niedrigen Zinsen erzielten Zinsersparnisse, überwiegen die Zinsverluste auf dem Sparbuch oder der Lebensversicherung bei weitem.

Diejenigen, die so wenig Einkommen beziehen, dass sie keine Immobilie kaufen konnten, verfügten andersrum auch nicht über so viel Geld, als dass sie hätten nennenswert sparen können und so echte Zinsgewinne zu erwarten gehabt hätten.

Man kann feststellen, dass für Gering- und Mittelverdiener die positiven Folgen überwogen.

Auch wenn einige frühere geopolitische Ereignisse und Katastrophen, wie der Dreißigjährige Krieg, der Zweite Weltkrieg und die Pest, Auslöser für Zinswenden waren, waren es doch nur einige. Insofern kann davon nicht abgeleitet werden, dass die aktuelle Krise ein Auslöser dafür sein wird.

Vieles spricht aber dafür, dass diese Krise von den Notenbanken als Chance zu einer Zinswende genutzt wird. Zu einer Zinswende, die langjährig immer wieder aufgeschoben wurde, obwohl sie alternativlos ist.

In der Vergangenheit haben die Zinssenkungen in Reaktion auf Krisen die Märkte zwar stabilisiert, aber damit auch den Nährboden für neue Übertreibungen geschaffen. Beispielsweise ermöglichten die starken Zinssenkungen der Notenbanken in Reaktion auf das Platzen der Dotcom-Blase im Jahr 2000, ab 2003 in Südeuropa ein übermäßiges Kreditwachstum und viele Investitionen mit geringer Rendite und auch die Weltfinanzkrise im Jahr 2007, war eine späte Folge davon.

Als Krisentherapie wurden die Leitzinsen gegen null gesenkt und in großem Umfang Staatsanleihen gekauft. Doch sind neue Risiken im Unternehmenssektor entstanden. Viele große Unternehmen haben die extrem niedrigen Zinsen dazu genutzt, mit billigen Krediten zu überhöhten Preisen Konkurrenten aufzukaufen, eigene Aktien zurückzukaufen oder aber unrentabel investiert.

Im Ergebnis ist die Verschuldung der Unternehmen drastisch gestiegen.

Steigen nun die Zinsen, dann steigen für die hoch verschuldeten Unternehmen auch die Zinslasten. Das würde sie zwingen, die Investitionen zurückzufahren, Mitarbeiter zu entlassen, Löhne zu kürzen und Preisdruck auf die Zulieferer auszuüben.

Warum die Zinsen steigen müssen, kann am Verhalten von privaten Haushalten und Unternehmen verdeutlich werden. Wobei nicht verkannt werden darf, dass die Mehrzahl der Menschen und Unternehmen, so vernünftig wirtschaften, dass sie mit steigenden Zinsen keine Probleme haben werden. Existenzbedrohend wird es für alle, deren Schulden in keinem adäquaten Verhältnis zu deren Einkommen bzw. Umsatz stehen. Leiht sich eine Privatperson immer mehr Geld, als er imstande ist zurückzahlen, werden ihm die Banken früher oder später keinen Kredit mehr gewähren. Im schlimmsten Fall droht die Privatinsolvenz.

Anhand realer Zahlen lassen sich die Unterschiede zwischen einem Privathaushalt und einem Unternehmen vereinfacht darstellen.

Verfügt ein Privathaushalt über ein jährliches Nettoeinkommen von 50.000 Euro, waren Banken bereit einem Immobilienkredit von 300.000 Euro, auch ohne Anzahlung zuzustimmen. Das entspricht einem Verhältnis von 1:6 zwischen Einkommen und Verbindlichkeiten.

Auch wenn bei Unternehmen andere Aspekte zu beachten sind und andere Möglichkeiten zusätzlich gegeben sind, besteht auch bei einem Unternehmen eine Abhängigkeit zwischen dem Gewinn und den Verbindlichkeiten.

Beispielhaft das Unternehmen Bayer, anhand der für 2019 veröffentlichten Zahlen. Einem betrieblichen Ergebnis von 2,4 Milliarden Euro, stehen Verbindlichkeiten in Höhe von 78,7 Milliarden Euro gegenüber, was dem 32,8-fachen entspricht.

Münzt man diesen Faktor auf den genannten Privathaushalt um, müsste es diesem möglich sein, eine Immobilie im Wert von 1,64 Millionen Euro zu finanzieren.

Es bedarf keiner erweiterten mathematischen Fähigkeiten, um zu erkennen, dass es, bei steigenden Zinsen, für den Privathaushalt eine immer noch stemmbare Belastung wäre, Bayer hingegen mehr Zinsen aufwenden müsste, als es Gewinn generiert. Die Tilgung der Schulden ist unter diesem Aspekt unmöglich und der Untergang wäre eingeleitet.

Aber wie konnte es bei manchen Unternehmen zu einer derartig existenzbedrohenden finanziellen Schieflage kommen? Es sind die Menschen in den Unternehmen, die jede sich bietende Möglichkeit zur günstigen Kapitalbeschaffung genutzt haben und dabei die Gewinnerzielung vernachlässigt haben und die Gemengelage mit den Banken.

Durch die anhaltende Geldflut der EZB wuchs die Anzahl sogenannter Zombie-Unternehmen und Zombie-Banken stetig.

Gemeint sind damit Unternehmen, die Kredite nicht mehr tilgen und Zinszahlungen nicht mehr bedienen können. Sie werden mit billigem Geld künstlich am Leben gehalten, indem die Geschäftsbanken, die womöglich selber Zombies sind, und deswegen die Verluste nicht realisieren können, neue Kredite vergeben, mit denen die Zinsen, und unter Umständen auch Tilgungen, von bestehenden Krediten gezahlt werden.

Der Prozess der Zombifizierung wird sogar mit Hilfe einer geänderten EU-Richtlinie erleichtert. Nachsichtige Kreditvergabe ist politisch erwünscht, weil nur so ein vermeintlich wirtschaftliches Gleichgewicht, in einem ungleichen Europa, hergestellt werden konnte.

Die Folge ist, dass Kredite an wenig produktiven Unternehmen aufrechterhalten bzw. aufgestockt wurden. So schwindet der Anreiz, die Produktivität zu steigern und eine Wettbewerbsverzerrung tritt auf.

Die Kreditversorgung, solch zombifizierter Unternehmen, ist nur zum derzeit niedrigen Zinsniveau möglich. Bei einem Anstieg des Zinses, wären sie nicht mehr in der Lage, die bestehenden Kreditverpflichtungen zu bedienen, es würden faule Kredite aufgedeckt, was Bankrotte oder Restrukturierungen erzwingen würde.

In diesen Sog würden unweigerlich die Kreditgeber, also die Banken, mit hineingezogen werden, was einem gesamtwirtschaftlichen Kollaps gleichen würde.

Um dies unter allen Umständen zu verhindern, gleichzeitig aber den in Nöten geratenen, meist Großunternehmen, unter die Arme zu greifen, wird der Staat diese mit finanziellen Mitteln stützen müssen. Da nicht davon auszugehen ist, dass der Staat das einfach so tut, wird er sich in Form von Aktien an den Unternehmen beteiligen.

Im Grunde fast so, wie ehemals in den sozialistischen Staaten, wo Bankrotte der staatseigenen Betriebe nicht erwünscht waren und die staatlich kontrollierten Banken bedingungslose Kredite vergaben.

Man könnte also sagen, dass die Europäische Zentralbank immer mehr Zombies herangezüchtet hat und damit einer schleichenden Rückkehr der Planwirtschaften den Weg geebnet hat. Ob das allerdings jemals bezweckt war, ist stark zu bezweifeln.

Ein Ausweg aus diesem Teufelskreis kann nur die Rückkehr zu marktwirtschaftlichen Prinzipien sein. Dies setzt den Ausstieg aus den sehr lockeren Geldpolitiken, also einer Zinswende, voraus.

Die damit einhergehenden Restrukturierungen werden über einen sehr langen Zeitraum andauern, was aber, da der Staat einen langen Atem hat, realisierbar ist.

Bei Subsummierung aller Aspekte, erscheint eine Zinswende wahrscheinlich.

Nachworte

Wenn Enkel ihre Großeltern nicht besuchen dürfen, mutet das seltsam an.

Wenn Männer, die mit ihrer Frau in häuslicher Gemeinschaft leben, nicht bei der Geburt ihres Kindes dabei sein dürfen, stellt sich die Frage, was ist los in unserem Land.

Wenn Menschen ihren verstorbenen Angehörigen nicht das letzte Geleit geben dürfen, müssen es besondere Zeiten sein.

Wenn Menschen Ihre Angehörigen in Altenheimen, Pflegeheimen oder Krankenhäusern nicht mehr besuchen dürfen, scheint die Situation so ernst zu sein, dass die im Grundgesetz verbriefte Würde des Menschen nicht mehr unantastbar ist.

Wenn Menschen ihre sterbenden Angehörigen in einem Hospiz nicht mehr oder nur noch eingeschränkt besuchen können, muss man fassungslos sein. Denn, was könnte einem Todgeweihten noch gefährlich werden?

Das sind die eigentlich abscheulichen und menschenverachtenden Folgen dieser Tage.

Die Politik nimmt in Kauf, dass mehr Menschen als unbedingt nötig, unter den verhängten Maßnahmen leiden und unternimmt nichts, um wenigstens partiell Erleichterungen bzw. Ausnahmen zu ermöglichen.

Neben den moralischen und ethischen Aspekten, ist es äußerst fraglich, ob die Grundlagen des Infektionsschutzgesetzes des Bundes ausreichen, um derart schwerwiegende Eingriffe in die Grundrechte zu legitimieren.

Weniger menschenverachtend, aber doch deutlich machend, dass die Bundesregierung alle Bürger konsequent beschneiden möchte, auch wenn es offensichtlich nicht erforderlich ist, sind geschlossene Tennis- und Golfplätze. Es ist nicht nachvollziehbar, worin bei diesen Sportarten, die Ansteckungsgefahr bestehen soll. Stehen sich beim Tennis die Spieler in ca. 20 Metern Entfernung gegenüber, könnten Golfspieler allein von Loch zu Loch gehen und müssten niemandem nahekommen.

Whatever it takes, waren die Worte des Mario Draghi, die von den Politikern dieser Tage so häufig zitiert werden. Bezog sich der Spruch damals darauf, dass die EZB alles tun würde, was nötig war, um Banken und den Euro zu stützen, scheint er für die Politik dieser Tage zu bedeuten, dass sie alles und ohne Rücksicht auf Verluste tun werden, um das Virus zu bekämpfen.

Aus Angst vor dem Virus wird jede Abwägung vergessen, werden gar Grundrechte geopfert.

All das, obwohl Deutschland sich nicht im Krieg befindet, es gab keine Katstrophe wie in Tschernobyl oder Fukushima und das Land ist auch kein Ziel terroristischer Angriffe.

Ein Virus, dass sich von der Gefährlichkeit einer gewöhnlichen Influenza nur unterscheidet, weil es einem Namen bekommen hat, sorgt dafür, dass sich ein Land abschafft.

Es lagen früh Erkenntnisse vor, die bestätigen, dass SARS-CoV-2 eine nicht besonders gefährliche Viruserkrankung sei und auch dass die meisten Verstorbenen nicht „an" sondern „mit" dem Virus gestorben sind, weil sie anderweitig schwer erkrankt oder vorbelastet waren. Auch wurde bei vielen Toten festgestellt, dass die Infektion mit dem Virus, überhaupt nichts mit dem tödlichen Ausgang zu tun hatte, weil andere Todesursachen vorlagen, zum Beispiel eine Hirnblutung oder ein Herzinfarkt.

Jeder einzelne Todesfall, der nicht sachkundig überprüft wird, schürt nur Ängste.

Ängste, die den Menschen scheinbar bewusst nicht genommen werden sollen, denn sonst würde man die Zählweise präzisieren.

Denn, wenn nur die Menschen als Corona-Opfer zählen, die tatsächlich „an" und nicht „mit" Corona gestorben sind, wäre das Virus noch harmloser als es ohnehin schon ist. Dennoch werden letztlich Zahlen die Wahrheit ans Licht bringen. Zahlen, in Form der jährlichen Todesraten, werden beweisen, dass in diesem Jahr sicher weniger Menschen an Covid-19 und Influenza zusammen gestorben sind, als in anderen Jahren allein an Influenza. Die Gesamtsterblichkeit der Bevölkerung wird keinen Peak verzeichnen und doch, werden die Politiker ihre Entscheidungen als die richtigen darstellen. Faktisch falsch, aber die Medien werden diese Botschaft, auch aus Eigeninteresse, zu den Menschen transportieren.

In Zeiten, in denen das Lesen von Headlines scheinbar vielfach schon zur Meinungsbildung ausreicht, wird die Mehrheit der Bevölkerung, den so präsentierten Fakten wohl Glauben schenken.

Sicher wird auch das zweifellos gute deutsche Gesundheitssystem für den Erfolg verantwortlich gemacht werden, was sicher im Ansatz auch richtig ist. Aber eben nur im Ansatz, denn, spätestens dann, wenn im internationalen Vergleich, der afrikanische Kontinent, der zweifellos der mit der schlechtesten Gesundheitsversorgung weltweit ist, die wenigsten Toten zu verzeichnen hat, müsste jedem klar werden, dass es vielleicht doch eine zielführendere Alternative gegeben hätte. Eine Alternative, wie sie Schweden vorlebt. Ein Weg, der trotz international kritischer Betrachtung, konsequent beibehalten wird und der sich letztendlich als der zielführendste erweisen wird, weil er die Rechte der Menschen nicht mehr als unbedingt nötig eingeschränkt hat und der nicht so enorme wirtschaftliche Folgen nach sich ziehen wird.

Es lässt sich über das weißrussische Krisenmanagement streiten, aber auch in diesem Land wird irgendwann die Statistik beweisen, wie sich deren scheinbar ignorantes Verhalten ausgewirkt hat. Wahrscheinlich zeigt sich dann, dass deren Machthaber vielleicht doch nicht so ignorant und dumm sind, wie es die Medien uns immer erklären wollen.

Vielleicht erkennt die Bundesregierung im Nachhinein, dass sie die Getriebenen der Medien waren und versucht künftig, in ähnlichen Krisensituationen, den Kreis der zu Rate zu ziehenden Experten, zu erweitern, um unabhängiger und besser informiert entscheiden zu können.

Vielleicht stellt sich in Regierungskreisen auch einmal die Frage, warum man den vermeintlichen Experten weiterhin traute, obwohl sie diese Krise durch ihr zögerliches und fahrlässiges Handeln erst entstehen ließen.

Möglicherweise hat die Politik die von den Medien inszenierte Krise aber auch dankend angenommen und gezielt das Robert-Koch-Institut, als unantastbare Bundesbehörde, eingesetzt. Die Eindringlichkeit, mit der ständig vor den Folgen gewarnt wird, verstärkt den Druck auf die Bevölkerung, sich an die verordneten Maßnahmen zu halten und die Frage nach der Sinnhaftigkeit wird so entscheidend zurückgedrängt.

Letztlich stellt sich die Frage, aus welcher Motivation die Politik diesen Weg gehen wollte und welche Kraft es geben könnte, die solch drastischen und unsinnigen Schritte einleiten kann.

Es ist naheliegend, dass das Kapital bzw. die Kontrolle darüber, die treibende Kraft war.

Die Wirtschaftswelt hat sich in Teilen völlig von der Realität abgekoppelt und die Politik hatte keine Möglichkeiten mehr einzugreifen. Die wirtschaftliche Schieflage in Europa ist enorm und auf Dauer war ein Fortbestehen in der jetzigen Form kaum möglich, da auch die Möglichkeiten der Notenbanken weitgehend ausgeschöpft waren.

Da könnte ein solches Virus gerade recht kommen.

Diese Krise wird Möglichkeiten der Bereinigung bieten, die ohne sie niemals umsetzbar gewesen wären. Europa wird, auch wenn es inmitten der Krise nicht so schien, näher zusammenrücken und die großen wirtschaftlichen Differenzen werden mehr und mehr abgebaut werden. Es wird alles Nötige getan werden, um ein Zerfallen Europas zu verhindern.

Da der Euro nun mal fester Bestandteil Europas ist und somit kein Land seine Währung einfach auf- oder abwerten kann, muss eine gesamteuropäische Lösung gefunden werden. Der Ansatz vor Corona war es, die Zinsen so lange zu senken, dass sich die wirtschaftlich schwächeren Länder mit billigem Geld versorgen konnten. Das wird künftig nicht mehr möglich sein, da eine Abkehr des billigen Geldes die Konsequenz sein wird, was im Übrigen seit vielen Jahren der erklärte Wille der EZB war. Das aber, kann nur funktionieren, wenn den Ländern, die schon einen Schritt vor dem Abgrund standen, und nun durch das Virus zu kollabieren drohen, einen Großteil der Schulden erlassen wird.

Bedenkt man, wie schnell und untypisch deutsch, kleinste und mittelständische Unternehmen nicht rückzahlbare Zuschüsse vom Staat erhalten haben und somit deren Überleben weitgehend gesichert sein sollte, erscheint manches in einem anderen Licht. Wenn das Land mit dem ausgeprägten Bürokratismus plötzlich so pragmatisch handelt, scheint Einigkeit zu bestehen, dass dieser Teil der Wirtschaft gestützt und erhalten bleiben muss.

Die Folgen der Krise werden alle Unternehmen treffen und es wird mittelfristig eine Bereinigung geben. Überschuldete oder unrentable Unternehmen, die die EZB mit billigem Geld versorgt hatte, werden liquidiert oder übernommen werden. Erhaltenswerte Unternehmen werden vom Staat gestützt und werden, wenn nötig, teilverstaatlicht.

Insolvenzen werden zunehmen. Da aber die Insolvenzantragspflicht bis Ende September ausgesetzt wurde, werden die Insolvenzanträge erst mal überschaubar bleiben. Und wenn im Oktober viele kleine oder mittelständische Unternehmen überschuldet oder insolvenzantragspflichtig sein sollten, wird die Politik sicher eine Lösung finden.

Man kann schon jetzt sicher davon ausgehen, dass in Deutschland, in diesem Jahr nicht mehr Menschen sterben werden, als in jedem anderen Jahr auch. Und, hätte es nicht die eingangs beschriebenen unmenschlichen Kollateralschäden gegeben, hätte man die vielen Menschen, die in diesen Tagen in eine ungewisse Zukunft blicken, nicht komplett vergessen, wäre es gar ein ziemlich smarter Move gewesen, die Wirtschaft auf den Boden der Tatsachen zurückzuholen und endlich ein Gleichgewicht in Europa herzustellen.

Die Gesellschaft stellt in diesen Tagen fest, welch elementare Bedeutung soziale Kontakte für uns alle haben und so bleibt zu hoffen, dass die Politik dies auch so erkennt und gesetzliche Rahmenbedingungen für ein künftiges funktionierendes Zusammenleben der Menschen schafft. Der Trend zur Digitalisierung der Welt wird sich beschleunigen und es spricht auch nichts dagegen. Es ist OK, wenn man von der Couch aus einkaufen kann und wenn E-Sport sich wachsender Beliebtheit erfreut. Aber es ist nicht der Sinn einer funktionierenden Gesellschaft, wenn solche Trends so stark werden, dass sie ein normales Miteinander abschaffen und letztlich auch Existenzen vernichten.

Bei alldem, was in diesen Tagen negativ auf die Menschen einwirkt, muss jedem klar sein, dass die Menschheit weit weg von einer Katastrophe oder einer wirklichen Krise ist. Es ist keine Naturkatastrophe und auch kein Krieg, sondern nur eine Abkehr vom gewohnten Leben. Es scheint, als wären wir alle Teil eines riesigen psychologischen Experiments, bei dem getestet wird, wie weit sich Menschen neuen Bedingungen anpassen können und wie gefügig sie sind.

Es bleibt zu hoffen, dass möglichst viele Menschen die massiven Auswirkungen dieses Shutdowns des Lebens, physisch, seelisch und finanziell, unbeschadet überstehen.

Zu guter Letzt bleibt die Hoffnung, dass die Menschen, die Stunden der Entschleunigung zu etwas wirklich rar Gewordenem nutzen: Nachdenken...

Über den Autor

Der Autor wurde 1968 in Recklinghausen geboren und vollendete inmitten der Krise sein 52tes Lebensjahr. Er ist Vater dreier erwachsener Kinder und kein Freund von Verschwörungstheorien, da er sich allein an belegbaren Fakten orientiert. Er ist neugierig und vielseitig interessiert. Besonders an Themen der Politik, Wirtschaft und dem Sport. Am 09.02.2020 infizierte er sich auf einer Karnevalsfeier im Rheinland, wie viele andere auch, mit einem Virus. Der folgende Krankheitsverlauf war anders und intensiver als er es von anderen Viren gewohnt war.